RETOS DE LA JURISDICCIÓN Y PROCEDIMIENTOS EN LA UNIÓN EUROPEA

CRISTINA BENLLOCH DOMÈNECH
LEYRE BURGUERA AMEAVE
DANIEL CAPODIFERRO CUBERO
JOAQUÍN SARRIÓN ESTEVE

RETOS DE LA JURISDICCIÓN Y PROCEDIMIENTOS EN LA UNIÓN EUROPEA

Presentación, ordenación y compilación de textos
a cargo de

JOAQUÍN SARRIÓN ESTEVE
Universidad Nacional de Educación a Distancia (UNED)

Granada, 2023

BIBLIOTECA COMARES DE CIENCIA JURÍDICA

Esta obra reúne algunos resultados relevantes de las actividades de la acción Jean Monnet Jurisdicción y Procedimientos en la Unión Europea (EUJURIS), ref. 621025-EPP-1-2020-1-ESEPPJMO-MODULE, desarrollada con el apoyo del Programa Erasmus+ de la UE, 2020-2023.

Las opiniones y puntos de vista expresados solo comprometen a sus autores y no reflejan necesariamente los de la Unión Europea o los de la Agencia Ejecutiva Europea de Educación y Cultura (EACEA) o la Comisión Europea. Ni la Unión Europea, la EACEA o la Comisión Europea pueden ser considerados responsables de ellos.

Esta obra, además, ha sido cofinanciada por las Ayudas para publicaciones en Acceso Abierto 2023 del Vicerrectorado de Investigación, Transferencia y Divulgación de la Universidad Nacional de Educación a Distancia (UNED).

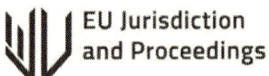 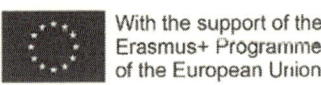

Maquetación:
José Antonio Ruiz García

© Los autores

© Editorial Comares, 2023
Polígono Juncaril
C/ Baza, parcela 208
18220 Albolote (Granada)
Tlf.: 958 465 382
www.comares.com • E-mail: libreriacomares@comares.com
facebook.com/Comares • twitter.com/comareseditor • instagram.com/editorialcomares

ISBN: 978-84-1369-713-0 • Depósito legal: Gr. 2011/2023

IMPRESIÓN Y ENCUADERNACIÓN: COMARES

Tantas palabras que esperan,
invenciones, clareando,
—mientras haya—
amanecer de poema.

Mientras haya
lo que hubo ayer lo que hay hoy,
lo que venga.

Confianza, Pedro Salinas

SUMARIO

CAPÍTULO I
LA JURISDICCIÓN DE LA UNIÓN EUROPEA DESDE LA PERSPECTIVA DEL DERECHO CONSTITUCIONAL EUROPEO EN UN SISTEMA MULTINIVEL
Joaquín Sarrión Esteve

CAPÍTULO II
EL TRIBUNAL DE JUSTICIA DE LA UNIÓN EUROPEA Y LA PROTECCIÓN DE LOS DERECHOS FUNDAMENTALES EN EL ORDENAMIENTO COMUNITARIO
Daniel Capodiferro Cubero

ABREVIATURAS PRINCIPALES

Art.	Artículo.
CDFUE	Carta de Derechos Fundamentales de la Unión Europea.
CEDH	Convenio para la Protección de los Derechos Humanos y de las Libertades Fundamentales, hecho en Roma el 4 de noviembre de 1950.
DUE	Derecho de la Unión Europea.
Op. cit.	Obra citada.
STJ	Sentencia del Tribunal de Justicia.
TCE	Tratado de la Comunidad Europea.
TCEEA	Tratado del Euratom.
TUE	Tratado de la Unión Europea.
TFUE	Tratado de Funcionamiento de la Unión Europea.
TEDH	Tribunal Europeo de Derechos Humanos.
TJCE	Tribunal de Justicia de la Comunidad Europea.
TJUE	Tribunal de Justicia de la Unión Europea.
UE	Unión Europea.

PRESENTACIÓN

El presente trabajo integra algunos de los resultados de las actividades de investigación desarrolladas en el marco de la acción Jean Monnet Jurisdicción y Procedimientos en la Unión Europea (EUJURIS), ref. 621025-EPP-1-2020-1-ESEPPJ-MO-MODULE, desarrollada con el apoyo del Programa Erasmus+ de la UE, en la Facultad de Derecho de la UNED, de 2020 a 2023.

El objetivo general de esta acción eran la formación especializada y práctica sobre la Jurisdicción y procedimientos ante el Tribunal de Justicia de la Unión Europea, así como con una parte de investigación relevante en torno a los retos, tanto jurídicos como éticos, de la Jurisdicción y procedimientos en la Unión Europea, y la relevancia de la dimensión de género en este ámbito.

La acción permitió la organización de diversas actividades, incluyendo un curso anual introductorio a la Jurisdiccion y procedimientos de la Unión Europea, en la que se trataron, en particular, además de una aproximación a la naturaleza de la Jurisdicción en la Unión Europea, de la configuración, estructura, y funciones del Tribunal de Justicia, la armonización procesal y derechos procesales en la Unión Europea, y una introducción a la relevancia de la dimensión de género en la Unión Europea; un curso de especialización donde se trataban, entre otros, los temas de la Jurisdicción de la Unión Europea, el Tribunal de Justicia de la Unión Europea (composición, organización y competencias), distintos procedimientos ante el Tribunal de Justicia de la Unión Europea, los principios de cooperación nacional, autonomía procesal y efectividad, el tribunal de Justicia como garante de los derechos fundamentales, aspectos éticos en la en la Jurisdicción y procedimientos de la UE, y la dimensión de género en la Jurisdicción y procedimientos de la UE; así como finalmente un seminario de carácter práctico sobre estos temas; todo ello junto con la organización de conferencias, programas de difusión y actividades de carácter divulgativo, además de la participación de los miembros del proyecto en diversas actividades científicas, y una serie de publicaciones derivadas de la acción.

Esta obra se inscribe en este marco de actividades y pretende reunir, como fruto del trabajo de algunos miembros del proyecto, algunas reflexiones que se plantean para la investigación en torno a las cuestiones de la Jurisdicción y Procedimientos en la Unión Europea. El orden de prelación de las personas que han colaborado en la preparación de esta obra se ha establecido por orden alfabético.

En el 1er capítulo, Joaquín Sarrión Esteve, Profesor Titular de Derecho Constitucional de la UNED y Catedrático Jean Monnet en Gobernanza y Regulación en la Era Digital, realiza una introducción a la Jurisdicción de la Unión Europea, desde la perspectiva del Derecho constitucional europeo en un sistema multinivel, planteando algunos de los problemas que se suscitan, incluyendo la configuración del sistema de protección de derechos fundamentales en el Derecho constitucional de la Unión Europea; en el 2.º capítulo, Daniel Capodiferro Cubero, Profesor Contratado Doctor de Derecho Constitucional de la UNED, realiza un estudio sobre el Tribunal de Justicia de la Unión Europea y la protección de los derechos fundamentales en el ordenamiento comunitario, incluyendo un análisis exhaustivo de la evolución de la jurisprudencia del Tribunal en torno a la protección de los derechos, y la posición del Tribunal sobre la adhesión de la Unión al Convenio Europeo de Derechos Humanos; en el capítulo 3.º, Leyre Burguera Ameave, Profesora Contratada Doctora de Derecho Constitucional de la UNED, realiza un análisis de la posición del Tribunal de Justicia como garante del Estado de Derecho; en el 4.º capítulo Cristina Benlloch Domènech, Profesora Titular de Sociología de la Universitat de València trata las dimensiones de género en la aproximación a la justicia, y en el capítulo 5.º, Cristina Benlloch Domènech, en coautoría con Joaquín Sarrión Esteve, realizan una aproximación, en inglés, a los retos que plantea la problemática del uso de datos y estadísticas oficiales por parte de la jurisprudencia, y en particular por parte del Tribunal de Justicia de la Unión Europea, con una aproximación multidisciplinar. Finalmente, el capítulo VI introduce una selección de materiales y recursos para el estudio, y se termina la obra con unos compendios de selección de normativa, de jurisprudencia y de referencias bibliográficas sobre la Jurisdicción y procedimientos en la Unión Europea.

Me gustaría agradecer a todos los miembros de la acción Jean Monnet su incondicional apoyo y el trabajo desarrollado durante estos tres años, sin su participación no hubiera sido posible la realización de las distintas actividades previstas, en cuyo marco esta publicación se inserta, y que pretende aportar algunas reflexiones en torno los retos que plantea la Jurisdicción y Procedimientos en la Unión Europea.

J. Sarrión Esteve
En Benaguasil, a 5 de noviembre de 2023

CAPÍTULO I
LA JURISDICCIÓN DE LA UNIÓN EUROPEA DESDE LA PERSPECTIVA DEL DERECHO CONSTITUCIONAL EUROPEO EN UN SISTEMA MULTINIVEL

Joaquín Sarrión Esteve

Profesor Titular de Derecho Constitucional.
Titular de la Catedra Jean Monnet
de Gobernanza y Regulación en la Era Digital (GoReDig).
Director de la Cátedra ISAAC. Derechos individuales,
Investigación Científica y Cooperación
Departamento de Derecho Constitucional
Universidad Nacional de Educación a Distancia (UNED)

SUMARIO: 1. INTRODUCCIÓN. EL DERECHO CONSTITUCIONAL EUROPEO Y EL DERECHO CONSTITUCIONAL DE LA UNIÓN EUROPEA. EL PARADIGMA DEL CONSTITUCIONALISMO MULTINIVEL. 2. NATURALEZA COMPUESTA DE LA JURISDICCIÓN DE LA UNIÓN EUROPEA. 2.1. El nivel jurisdiccional de la Unión Europea. 2.2. El nivel jurisdiccional en los Estados miembros. 3. LA CONFIGURACIÓN DEL SISTEMA DE PROTECCIÓN DE DERECHOS EN EL DERECHO CONSTITUCIONAL DE LA UNIÓN EUROPEA Y SU ÁMBITO DE APLICACIÓN. 4. REFLEXIONES FINALES

1. **INTRODUCCIÓN. EL DERECHO CONSTITUCIONAL EUROPEO Y EL DERECHO CONSTITUCIONAL DE LA UNIÓN EUROPEA. EL PARADIGMA DEL CONSTITUCIONALISMO MULTINIVEL**

El Derecho constitucional constituye en sí mismo una disciplina científica jurídica, puesto que, en la medida en que no se trata solo de una parte —si bien el elemento normativo más relevante— del Derecho (objetivo) o del ordenamiento jurídico dado y aplicable en un espacio temporal y territorial determinado, también se ocupa y preocupa de ordenar, estructurar y resolver los problemas del mismo.

La doctrina académica o la dogmática suele situar el origen de la disciplina del Derecho constitucional en la segunda mitad del siglo XVIII, cuando Blackstone imparte, o mejor dicho impartió, una serie de lecciones que culminaron en su obra de *Comentarios sobre el Derecho de Inglaterra* (1765-1769)[1], considerada ésta como

---

[1] El título original en inglés es *Commentaries of the Laws of England*, y el título del tratado se puede encontrar traducido también en español como Comentarios de las Leyes de Inglaterra. Se

la primera obra del Derecho constitucional moderno, y posteriormente, se desarrolla a través de las Cátedras de Derecho constitucional en Italia, incluyendo Ferrara (1797), Pavía (1797), Bolonia (1798), así como en Francia ya en el siglo posterior[2]; mientras que en España se suele aludir también algunos antecedentes importantes de cátedras sobre políticas y económicas, y Derecho natural y de gentes, que se situarían entre la segunda mitad del siglo XVII y el siglo XVIII, así como también se citan las obras de Martínez Marina, y en particular el desarrollo que se produciría a partir de la Constitución de 1812[3].

En cualquier caso, dada su prolongada génesis y evolución histórica, así como las dificultades para adquirir su autonomía, dada su proximidad a otras disciplinas como pueden ser la Ciencia Política o la Historia de las Ideas Políticas, que proceden o están abarcadas por un más extenso Derecho Político, denominación por cierto que, entre otras, recibió la disciplina antes de conseguir su independencia del Derecho Público, que incluye también la rama de Derecho administrativo[4], a

---

trata de un tratado en cuatro volúmenes que van más allá del Derecho constitucional, y que recogen las lecciones que daba en su Cátedra, y que se fueron publicando entre 1765 y 1769, incluyendo volúmenes dedicados a los derechos de las personas, los derechos de las cosas, los agravios privados y los males públicos.

[2] A este respecto, véase PALOMINO MANCHEGO, J. F. «Estudio preliminar», en J. Tajadura Tejada, *El Derecho Constitucional y su enseñanza*, Instituto Iberoamericano de Derecho Constitucional, Grijley, 2001, pp. 25 y ss.

[3] Véase SÁNCHEZ FERRIZ, R. «Aproximación a la difusión de las ideas constitucionales en España y su configuración como disciplina jurídica en el siglo XIX», en Sánchez Ferriz, R. y García Pechuán, M. (coords.), *La enseñanza de las ideas constitucionales en España e Iberoamérica*, ENE, 2001, pp. 63-106; SÁNCHEZ AGESTA, L., «Las primeras cátedras españolas de Derecho Constitucional», *Revista de Estudios Políticos*, n.126, 1962, pp. 157-167; PESET REIG, R., y GARCÍA TROBAT, P., «Las primeras cátedras de Constitución», *Homenaje a Joaquín Tomás Villarroya*, Tomo II, Generalitat Valenciana, 2000, pp. 889-905.

[4] No obstante, incluso hoy en día hay elementos que son objeto de estudio común por ambas disciplinas, y en algunos países no hay una separación como tal de las áreas de Derecho constitucional y Derecho administrativo, o de Derecho administrativo y Derecho constitucional. Además del interés del que aquí escribe, que ha cultivado, aparte del Derecho constitucional, el Derecho administrativo con ocasión del desarrollo de su actividad académica, docente e investigadora, durante algunos años en la Universitat de València, otros juristas, de mayor renombre, como Villar Palasí, por ejemplo, en el ámbito del Derecho administrativo, han destacado precisamente la relevancia de estudiar la Constitución en el Derecho administrativo al tratarse de una norma jurídica, la más importante, y constituir fuente de Derecho, y porque es elemento obligatorio para cualquier intento de explicar el Derecho administrativo. Véase VILLAR PALASÍ, J. L. y VILLAR EZCURRA, J. L., *Principios de Derecho Administrativo, Tomo I. Concepto y Fuentes*, Servicio de Publicaciones Universidad Complutense de Madrid, Madrid, 1984, p. 67.

partir de la relevante aportación de Adolfo Posada[5], no es una cuestión baladí. Sin duda, esta evolución está dominada, de alguna manera, por una constante tensión triangular entre lo jurídico, lo político y lo social, si bien es la Sociología del Derecho, en realidad, la que se preocupe más de estas cuestiones[6]. Y ciertamente, en particular en España, teniendo en consideración los desafíos planteados por la crisis de la disciplina durante el régimen autocrático franquista[7], hasta que finalmente la denominación de Derecho constitucional se ha consagrado con una transformación y fuerte revitalización de la disciplina, tras la transición democrática ya la Constitución de 1978[8].

Sin embargo, ciertamente la concepción del Derecho no ha sido inmutable a lo largo de la historia, si para el iusnaturalismo la ley natural (con independencia de su origen divino o racional) determina la justicia y el propio Derecho (que debe ser justo), de forma que las normas escritas serán Derecho si son justas y conformes con el Derecho natural; como es sabido, para el positivismo jurídico, vinculado al positivismo y empirismo, esencialmente anti metafísico, y que logra llegar a ser predominante en el siglo XIX, el Derecho se explica en sí mismo, en su experiencia, y por tanto no requiere de un contenido ajustado a una ley natural sino que la ley positiva o el Derecho positivo es *per se* el Derecho, es la voluntad del legislador que se positiviza, de forma que se acepta el Derecho vigente, negando incluso la posibilidad de cuestionarlo o de valorar lo justo o injusto del mismo, es por tanto descriptivo más que prescriptivo[9].

Si bien esto permite que el Derecho se desarrolle como ciencia, realizando un análisis formalista del procedimiento de formación del Derecho, la estructura

---

[5]   Véase PORTERO MOLINA, A., «Algunas cuestiones en el Derecho Político español. 1875-1900», *Revista de Estudios Políticos*, n. 18, 1980, pp. 71 y ss.; y TAJADURA TEJADA, J., *El Derecho Constitucional y su enseñanza, op. cit.,* pp. 74 y ss.

[6]   La Sociología Jurídica o Sociología del Derecho, que estudia el fenómeno jurídico como hecho social y de la relación e influencia recíproca entre Derecho y Sociedad. La Sociología Jurídica es en realidad parte de la Ciencia del Derecho, en la medida en que estudia el Derecho a la vez que forma también parte de la Sociología. Para una aproximación a la Sociología del Derecho permítaseme remitir a BENLLOCH DOMÈNECH, C., y SARRIÓN ESTEVE, J., *Los retos sociales y jurídicos de un mundo en transformación: una aproximación a la Sociología del Derecho*, Tirant lo Blanch, Valencia, 2022.

[7]   A pesar de las contribuciones y significativas aportaciones sobre Teoría del Estado, Derecho Constitucional Comparado, o Historia Constitucional realizadas, entre otros, por Sánchez Agesta, García Pelayo, Sevilla Andrés, Lucas Verdú, y Tomás Villarroya.

[8]   Véanse sobre la evolución de la disciplina los trabajos de PÉREZ CALVO, A., «Reflexiones generales en torno al Derecho Constitucional», *Huarte de San Juan. Revista de la Facultad de Ciencias Humanas y Sociales*. Universidad Pública de Navarra, n. 1, 1994; y TAJADURA TEJADA, J., *El Derecho Constitucional y su enseñanza*, Instituto Iberoamericano de Derecho Constitucional, Grijley, Lima, 2001.

[9]   De hecho, podríamos decir que a la Ciencia jurídica, desde esta visión, le interesa únicamente el conocimiento sobre este Derecho; la Teoría del Derecho debe ser pura.

y características de las normas jurídicas (teoría de la norma jurídica), así como de su funcionamiento, el hecho de que su versión más radical llegue a prescindir de la valoración de lo justo o injusto del mismo, produce que se licue en buena parte de Europa el fundamento que, de otra manera, podría haber constituido una resistencia frente al desarrollado y triunfo del nacionalsocialismo, lo que tras la II.ª Guerra Mundial propiciará una crítica del positivismo jurídico y el renacimiento de corrientes iusnaturalistas, así como el propio desarrollo del positivismo hacia una corriente revisionista más moderada.

Actualmente podemos decir que conviven distintas sensibilidades, tanto iusnaturalistas como positivistas, pero la consagración del Estado (constitucional) democrático y social de Derecho en el constitucionalismo europeo, y su desarrollo, han consagrado unos principios constitucionales que terminan condicionando el Derecho (que debe ser conforme a la Constitución).

Pero también sucede que la concepción que se asume en relación con el Derecho constitucional depende y viene determinada, en gran medida, por el concepto de Constitución que, vinculado al propio devenir del constitucionalismo[10], se asuma.

El concepto moderno de Constitución, como dice Torres del Moral, es «jurídico-normativo, liberal y garantista», cuya expresión más solemne se materializa en el artículo 16 de la Declaración de Derechos del Hombre y del Ciudadano 1789[11] que, con variaciones en torno a la división de poderes, los conceptos y relación entre libertad e igualdad, y la tabla de derechos, habría perdurado en la constitución normativa, liberal y democrática de nuestros días[12], de forma que tendríamos un ordenamiento jurídico constitucionalizado donde la Constitución normativa, desde una teoría democrática, constituiría una manifestación de la última fase del constitucionalismo, incidiendo sobre «la formulación nuclear de la ciencia del Derecho,

---

[10]   Así, en el constitucionalismo, el papel que desempeña la Constitución varía a lo largo del tiempo, vinculado a las doctrinas y orientaciones prevalentes en cada momento histórico. Véase VILLAR PALASÍ, J. L. y VILLAR EZCURRA, J. L., *Principios de Derecho Administrativo, Tomo I. Concepto y Fuentes, op. cit.,* p. 68; sin perjuicio de que ciertamente sigue, incluso hoy en día, ligado o vinculado a alguna concepción política de «matriz liberal», como indica MARTÍNEZ SOSPEDRA, M., *Estado y Constitución,* Fundación Universitaria San Pablo CEU, Valencia, 2.ª ed., 1994, p. 166.

[11]   Como es bien sabido, el artículo 16 de la Declaración de Derechos del Hombre y del Ciudadano dispone que: «Toda sociedad en la que no esté asegurada la garantía de los derechos ni establecida la división de poderes carece de Constitución».

[12]   Véase TORRES DEL MORAL, A., *Estado de Derecho y Democracia de Partidos,* 5.ª ed., Universitas, Madrid, 2015, pp. 116-117. Por su parte, Raz identifica varios elementos que identifican una norma como Constitución, pues define la organización y poderes de gobierno, pretende preservar la estabilidad y estructura legal y política, es ley suprema, y establece garantías de la superioridad. Véase RAZ, J. «On the Authority and Interpretation of Constitutions: Some preliminaries», en Alexander, L. (ed.), *Constitutionalism. Philosophical Foundations,* Cambridge University Press, Cambridge, 1998, p. 153.

sobre su paradigma científico, conocido usualmente como su dogmática jurídica»[13], por más que dicha normatividad viva sus propias tensiones en los tiempos líquidos en los que vivimos[14].

Así, para la dogmática jurídica constitucional, para el Derecho constitucional, sería esencial comprender bien la norma jurídica (en un sentido amplio), realizar el análisis normativo constitucional, así como determinar su correcta interpretación (el famoso problema de la interpretación, que siempre acompaña al jurista), desde la Constitución. Por ello, desde el punto de vista del Derecho constitucional, la interpretación que interesa no debe ni puede limitarse a la interpretación del texto constitucional, sino que debe buscar también la interpretación constitucional de la norma o, si se prefiere desde un punto de vista ordinamental, del ordenamiento jurídico, para el que las normas que reconocen y protegen los derechos y libertades, cobran una especial relevancia, tanto si se trata de normas elaboradas en el nivel interno como también en el nivel o espacio supranacional, es decir, tanto de normas generadas en el propio sistema normativo derivado de la Constitución misma, como de las normas generadas en sistemas normativos extra-constitucionales, si bien llamados a ser aplicados por la Constitución en el ordenamiento jurídico que la misma rige; en la medida en que la Constitución no agota su función en la determinación de la validez de las normas, sino que también opera como norma que rige la aplicación de normas, incluso procedentes de otros sistemas normativos[15].

Así, la preocupación del constitucionalista no se limita al estudio del texto constitucional, aunque parte del mismo, sino que, desde el texto constitucional o a la luz del mismo, fija su atención también en otras normas y elementos del orden o sistema jurídico que se debe al mismo, y aquellas otras que, procedentes de otros sistemas, están llamadas a integrarse en el ordenamiento jurídico regido por la Constitución y, por tanto, teniendo en consideración los procesos de internacionalización, y supranacionales de integración, pues los sistemas jurídicos contemporáneos integran normas procedentes tanto del Derecho internacional como del Derecho de la Unión Europea, lo que propicia que estemos en un espacio jurídico abierto y plural.

De hecho, esta compleja realidad «constitucional» que en particular se vive en Europa ha permitido fundamentar el estudio del Derecho comunitario, y del hoy Derecho de la Unión Europea desde el Derecho constitucional, un **Derecho cons-**

---

[13]   BALAGUER CALLEJÓN, M. L., *Interpretación de la Constitución y Ordenamiento jurídico*, Tecnos, Madrid, 1997, p. 33.

[14]   Véase VILLAVERDE, I., «El constitucionalismo líquido. La dogmática constitucional de los derechos fundamentales del siglo XXI», *Revista da Ajuris*, v. 45, n. 144, 2018, pp. 529-555.

[15]   REQUEJO PAGÉS, J. L., *Sistemas normativos, Constitución y Ordenamiento*, McGraw-Hill, Madrid, 1995, p. 73.

titucional europeo[16] que incluso se construye, como disciplina jurídica autónoma, a partir del antecedente de la idea de Derecho constitucional común europeo enunciada por Häberle[17], y que permite, como dice F. Balaguer[18], estudiar el fenómeno de constitucionalización del proceso de integración europea, y a su vez integrar en dicho estudio las cuestiones constitucionales europeas, considerando, con una perspectiva amplia e integradora, tanto los espacios constitucionales de la Unión Europea (**Derecho constitucional de la Unión Europea**) como también los de los Estados miembros (Derecho constitucional interno).

Como se puede deducir de la exposición, parto de una concepción del Derecho que, quizá, puede calificarse como (neo)constitucionalista, en el sentido de que trata de explicar los rasgos caracterizadores del Derecho contemporáneo (constitucionalizado) superando por tanto, sin dejar de recibir su influencia, las tesis del positivismo jurídico tradicional[19], con una aproximación al ordenamiento jurídico[20] desde un pluralismo metodológico que, partiendo del método jurídico, y en particular de una perspectiva o **paradigma pluralista o multinivel**[21], explore las cuestiones (cons-

[16]   Defendida desde las Cátedras Jean Monnet en Derecho Constitucional Europeo de los profesores F. Balaguer, T. Freixes, y Y. Gómez. Véase GÓMEZ SÁNCHEZ Y., y ELÍAS MÉNDEZ, C., *Derecho Constitucional Europeo*, Aranzadi, Madrid, 2020, pp. 20 y ss.

[17]   Véase HÄBERLE, P., «Derecho constitucional común europeo», traducción de Mikunda Fanco, E., *Revista de Estudios Políticos (Nueva Época)*, n. 79, 1993, pp. 7-46; HÄBERLE, P., «Europa como comunidad constitucional en desarrollo», *Revista de Derecho Constitucional Europeo*, n.1, 2004.

[18]   Véase BALAGUER CALLEJÓN, F. (coord)., CÁMARA VILLAR, G., BALAGUER CALLEJÓN, M. L. MONTILLA MARTOS, J. A., *Introducción al Derecho Constitucional*, 5.ª ed., Tecnos, Madrid, 2016, pp. 79 y ss.

[19]   En el sentido que plantea Atienza, véase ATIENZA, M. «Constitución y argumentación», *Anuario de Filosofía del Derecho*, 2007, pp. 199-200.

[20]   El Derecho en cuanto que ordenamiento jurídico, es algo más que las normas, en palabras de Santi Romano: «En lo que se piensa por los juristas, y más aún por los profanos ajenos a las definiciones de que hablamos, es en algo más dinámico y vital: es, en primer lugar, en la compleja y variada organización del Estado italiano o francés; en los numerosos mecanismos o engranajes, en las relaciones de autoridad y de fuerza que producen, modifican, aplican y garantizan las normas jurídicas, pero que no se identifican con ellas. En otros términos, el ordenamiento jurídico así entendido en su conjunto, es una entidad que se mueve en parte según las normas, pero que sobre todo dirige a las propias normas como si fueran las piezas de un talero de ajedrez, normas que de este modo resultan más bien el objeto, e incluso el medio de su actividad, que no un elemento de su estructura». Véase ROMANO, S., *El ordenamiento jurídico*, Centro de Estudios Políticos y Constitucionales, Madrid, 2013, p. 15.

[21]   Siendo consciente de la realidad jurídica en la que vivimos, en espacios de integración supranacional, donde conviven ordenamientos o sistemas jurídicos o normativos autónomos, cada uno con su respectiva norma fundamental que define los criterios de validez de sus propias normas, así como las relaciones con otros ordenamientos; que están entrelazados de forma que llegan a ser interdependientes, pudiendo calificarse de subsistemas que se integran en el sistema multinivel que los abarca; de ahí la importancia de una visión o perspectiva integradora y plural que permitiría superar los eventuales conflictos derivados de las teorías soberanistas a partir de un paradigma o teoría en el que los centros

titucionales) que son relevantes para la investigación y la enseñanza del Derecho constitucional contemporáneo en España, incluyendo los temas y elementos constitucionales vinculados a la Jurisdicción y procedimientos en la Unión Europea.

Precisamente, es en las relaciones entre el Derecho de la Unión Europea (UE) y el Derecho interno de los Estados miembros, donde el paradigma del constitucionalismo multinivel puede tener más sentido. Así, se suelen describir —desde una perspectiva jurídica— con teorías que se denominan como pluralismo constitucional (*constitutional pluralism*)[22] o constitucionalismo multinivel (*multilevel constitutionalism*)[23].

Ambas tienen un origen y un desarrollo posterior diferentes, pero comparten ciertas similitudes en términos de su fundamentación teórica[24]. Así, ambas tienen como objetivo tratar de explicar una arquitectura de relaciones entre ordenamientos jurídicos autónomos, cada uno con su respectiva norma fundamental que define los criterios de validez de sus propias normas y las relaciones con otros ordenamientos; que están entrelazados de forma que llegan a ser interdependientes, pudiendo calificarse de subsistemas que se integran en el sistema multinivel que los abarca[25]; desde

---

de poder y legitimación nacional y trasnacional coexisten e interactúan. Véase Gómez Sánchez, Y., *Constitucionalismo Multinivel. Derechos Fundamentales*, 5.ª ed., Sanz y Torres, Madrid, 2020, pp. 45 y ss.; y Gómez Sánchez, Y., y Elías Méndez, C., *Derecho Constitucional Europeo, op. cit.,* 23 y ss.

[22]   Véase, por ejemplo, MaccorMick, N., *Questioning Sovereignty. Law, State and Nation in the European commonwealth*, Oxford University Press, Oxford, 1999, pp. 703-750; y Jaklic, K., *Constitutional Pluralism in the EU*, Oxford University Press, Oxford, 2014. Para una revisión de la literatura sobre esta teoría véase Bobić, A., «Constitutional Pluralism Is Not Dead: An Analysis of Interactions Between Constitutional Courts of Member States and the European Court of Justice», *German Law Journal*, v. 18, n. 6, 2017, pp. 1395-1428.

[23]   En este sentido, véase: Pernice, I, «Multilevel constituionalism and the Treaty of Amsterdam: European Constitution-making evisited?», *Common Market Law Review*, n. 36, 1999, pp. 703-756, y «Multilevel constitutionalism in the European Union», *European Law Review*, n. 5, 2002, pp. 511-529; Balaguer Callejón, F. «Constitucionalismo multinivel y derechos fundamentales en la Unión Europea», en *Estudios en homenaje al Profesor Gregorio Peces Barba*, v. 2, Dykinson, Madrid, 2008, pp. 133-158; Freixes San Juan, T., «Constitucionalismo multinivel e integración europea» en *Constitucionalismo Multinivel y relaciones entre Parlamentos: Parlamento europeo, Parlamentos nacionales, Parlamentos regionales con competencias legislativas*, CEPC, Madrid, 2011, pp. 37-50; y Gómez Sánchez, Y., *Constitucionalismo Multinivel. Derechos Fundamentales*, 5.ª ed, *op. cit.,* pp. 45 y ss.; Sarrión Esteve, J., *El reconocimiento y protección de los derechos y libertades en un mundo en transformación ¿Hacia un nuevo paradigma constitucional?*, Aranzadi, Madrid, 2022, pp. 39 y ss.

[24]   Mayer, F. C. y Wendel, M., «Multilevel Constitutionalism and Constitutional Pluralism» en Matej, A., y Komárek J. (ed.), *Constitutional Pluralism in the European Union and Beyond*, Hart Publishing, Oxford and Portland, 2012, p. 151.

[25]   Por lo que se puede afirmar que «el *multilevel* puede configurarse como un paradigma autónomo en el arco del proceso de integración europea, dirigido a explicar esta complejidad jurídica, aplicable a los sistemas integrados por subsistemas que, en el constitucionalismo, pueden enlazarse con

una visión o perspectiva integradora y plural que permitiría superar los eventuales conflictos derivados de las teorías soberanistas a partir de un paradigma o teoría en el que los centros de poder y legitimación nacional y trasnacional coexisten e interactúan[26].

Sin perjuicio de que —como toda construcción teórica— tenga sus problemas y límites, es cierto que permite una aproximación racional a la realidad jurídica en la que vivimos, además de que importa señalar que no son teorías que se limitan a lo descriptivo, sino que, al ofrecer pautas de resolución de las situaciones de conflicto, son también prescriptivas o normativas[27]. Al fin y al cabo, la existencia de una radical separación entre ordenamientos no es sino un «espejismo»[28], y esta teoría o metodología nos puede servir para aprehender la articulación entre los diferentes niveles, sistemas o subsistemas, lo que cobra una especial importancia cuando se trata de garantizar los derechos fundamentales, pues coexisten diferentes niveles de protección de los mismos en la UE[29], aunque quizá deberíamos considerar ya la concurrencia de sistemas de protección de derechos y libertades, incluyendo no solo el interno o nacional y el del Consejo de Europea, sino también, aunque esté en progresivo desarrollo, el correspondiente al Derecho de la Unión Europea, en particular tras su configuración y desarrollo tras el Tratado de Lisboa que ha abierto un nuevo horizonte constitucional para el Derecho de la Unión Europea[30].

En cada uno de estos tres sistemas podemos identificar unas fuentes de protección de los derechos y libertades, un tribunal garante de los derechos y libertades, a la vez que máximo intérprete de su aplicación en su respectivo sistema, en el nivel nacional será el tribunal constitucional o supremo con competencia para ello; en el convencional del Consejo de Europa, tenemos al Tribunal Europeo de Derechos

---

el federalismo y con la interpretación sistemática», véase FREIXES SANJUAN, T., «Constitucionalismo multinivel e integración europea», *op. cit.,* p. 41.

[26]   Sobre la comparativa entre la visión soberanista y pluralista, véase FABBRINI, F., *Fundamental Rights in Europe*, Oxford University Press, Oxford, 2015, pp. 15-25.

[27]   SARMIENTO, D., *El Derecho de la Unión Europea*, Marcial Pons, Madrid, 2016, p. 352.

[28]   BORRAJO INIESTA, I., «Las fricciones jurisdiccionales en la cooperación prejudicial: los tribunales constitucionales ante el Derecho Comunitario», *Estudios de Derecho Judicial*, n. 95, 2006.

[29]   Como sostiene Muñoz Machado se han establecido tres niveles de protección de los derechos fundamentales en la UE, con diferentes intérpretes específicos, y existen dificultades de relación entre los distintos órdenes jurisdiccionales que permitan articular los tres niveles de un modo que se aseguren protecciones equivalentes. Véase MUÑOZ MACHADO, S., «Los tres niveles de garantías de los derechos fundamentales en la Unión Europea: problemas de articulación», *Revista de Derecho Comunitario Europeo*, n. 50, 2015, pp. 195-196.

[30]   SARRIÓN ESTEVE, J., «El nuevo horizonte constitucional para la Unión Europea: a propósito de la entrada en vigor del Tratado de Lisboa y la Carta de Derechos Fundamentales», *CEFLegal: Revista Práctica del Derecho*, 2011, n. 121, pp. 53-102.

Humanos (TEDH) que garantiza los derechos y libertades reconocidos en el Convenio, y en el nivel de la Unión Europea al Tribunal de Justicia.

Desde esta perspectiva, no obstante, nos centramos a continuación, desde el Derecho constitucional de la Unión Europea, y dentro del Derecho constitucional europeo, en realizar una aproximación a la naturaleza y funciones de la Jurisdicción de la Unión Europea, así como a los procedimientos ante el Tribunal de Justicia de la Unión Europea, y la configuración del sistema de protección de derechos en el Derecho constitucional de la Unión Europea, así como su ámbito de aplicación y los conflictos con los estándares de aplicación de los sistemas internos de protección de derechos.

2. Naturaleza compuesta de la Jurisdicción de la Unión Europea

Cuando hablamos de la Jurisdicción de la Unión Europea debemos considerar que la función jurisdiccional es compartida, es decir, no la ejerce únicamente el Tribunal de Justicia de la Unión Europea, sino también los órganos jurisdiccionales de los Estados miembros que están llamados a aplicar e interpretar el Derecho de la Unión, pues si bien el Tribunal de Justicia de la Unión Europea es el máximo intérprete y tiene reservado el control de validez de este. Y esto es así porque los jueces y tribunales nacionales tienen encomendada la aplicación del Derecho de la Unión Europea en el ejercicio de sus competencias ex Tratado, sin que sea necesario que los Estados miembros acepten esta competencia, de forma que también comparten la función jurisdiccional 'comunitaria'[31], como se evidencia del art. 19.1 del Tratado de la Unión Europea, que dispone:

> *El Tribunal de Justicia de la Unión Europea* *comprenderá el Tribunal de Justicia, el Tribunal General y los tribunales especializados.* *Garantizará el respeto del Derecho en la interpretación y aplicación de los Tratados.*
> Los Estados miembros establecerán las vías de recurso necesarias para garantizar la tutela judicial efectiva en los ámbitos cubiertos por el Derecho de la Unión

Los tribunales nacionales son, de hecho, los tribunales europeos comunes u ordinarios, para resolver todos aquellos casos que no estén reservados a la jurisdicción del Tribunal de Justicia de la Unión Europea,[32] lo que se deduce claramente que existe una **función jurisdiccional compuesta**, compartida o concurrente, porque por un lado el Tribunal de Justicia de la Unión garantiza el respeto del Derecho en la interpretación

---

[31] Molina del Pozo, C. F., *El Tribunal de Justicia en la Unión Europea: procedimiento y recursos*, Aranzadi, Madrid, 2020, p. 23.

[32] Leanerts, K., Masels, I., y Gutman, K., *EU Procedural Law*, Oxford University Press, Oxford, 2014, p. 13-14.

y aplicación de los Tratados, esto es, es el máximo intérprete, pero al mismo tiempo, los Estados miembros tienen que establecer un sistema de recursos en su poder judicial que garantice la tutela judicial efectiva en el ámbito cubierto, esto es, en el ámbito de aplicación del Derecho de la Unión, lo que hace especialmente relevante, y un desafío, la determinación del ámbito de aplicación del Derecho de la Unión.

Esta compleja naturaleza de la función jurisdiccional en la Unión Europea ha motivado que algunos autores hablen de una naturaleza híbrida del poder judicial, y que está inspirada en un modelo federal si bien no hay una vía procesal que una ambos niveles jurisdiccionales a través de un recurso[33], quedando la vía de la cuestión prejudicial como paradigma de diálogo jurisdiccional en la Unión Europea, entre los tribunales nacionales y el Tribunal de Justicia, además de los mecanismos de cierre de sistema, como serían el recurso por incumplimiento contra el Estado miembro ante el nivel jurisdiccional de la UE, o el de responsabilidad patrimonial contra el Estado en el nivel jurisdiccional del propio Estado miembro.

2.1. El nivel jurisdiccional de la Unión Europea

La Jurisdicción de la Unión Europea en el nivel de la Unión está constituida por el Tribunal de Justicia de la Unión Europea, que comprende el Tribunal de Justicia, el Tribunal General y, en su caso, los tribunales especializados, a quien compete garantizar el respeto del Derecho en la interpretación y aplicación de los Tratados (art. 19.1 TUE).

El Tribunal de Justicia de la UE (TJUE) es una institución que no ha mutado su naturaleza como órgano jurisdiccional, desde los comienzos de las antiguas Comunidades Europeas, pues se estableció un Tribunal de Justicia que actuaría conforme a los Tratados para ejercer una función jurisdiccional de la actividad comunitaria. No obstante, sí que ha sufrido ciertas modificaciones con la creación primero del Tribunal de Primera Instancia, precedente del actual Tribunal General, y posteriormente de las Salas Jurisdiccionales precedentes a su vez de los Tribunales Especializados. Como tribunal especializado cabe destacar la existencia del Tribunal de la Función Pública hasta el 1 de septiembre de 2016 en el que pasa a integrarse en el Tribunal General, conforme al Reglamento 2015/2422 del Parlamento Europeo y del Consejo, de 16 de diciembre de 2015, si bien actualmente no existen tribunales especializados.

Por tanto, si atendemos a su estructura, se trata de una institución que integra diferentes órganos o instancias, como son el Tribunal de Justicia, el Tribunal General, y en caso de que se establezcan los tribunales especializados (art. 19.1 TUE).

---

[33] SARMIENTO RAMÍREZ-ESCUDERO, D., *El Derecho de la Unión Europea*, 3.ª ed., Marcial Pons, Madrid, 2020, pp. 412 y ss.

El **Tribunal de Justicia** está compuesto por un juez por Estado miembro, y esta asistido por abogados generales (art. 19.2). Estos últimos tienen una función importante a través de la presentación de las conclusiones generales que motivadas y con toda imparcialidad e independencia presentan sobre los asuntos que requieran su intervención de conformidad con el Estatuto del Tribunal (art. 252 TFUE). Aunque el Tratado prevé 8 Abogados Generales, el Consejo puede aumentar dicho número a solicitud del Tribunal de Justicia (art. 252 TFUE). Actualmente (desde el 7 de octubre de 2015) hay 11 Abogados Generales que asisten al Tribunal de Justicia. Los Jueces y los Abogados Generales del Tribunal de Justicia son designados de común acuerdo por los gobiernos de los Estados miembros entre juristas de reconocida competencia, con absolutas garantías de independencia cumpliendo las condiciones requeridas en sus respectivos países para el ejercicio de las más altas funciones jurisdiccionales (art. 253 TFUE). Además, se constituirá un Comité designado por el Consejo para que se pronuncie sobre la idoneidad de los candidatos, antes de que los Gobiernos de los Estados miembros procedan a los nombramientos, compuesto por siete personalidades elegidas de entre antiguos miembros del Tribunal de Justicia y del Tribunal General, miembros de los órganos jurisdiccionales nacionales superiores y juristas de reconocida competencia, uno de los cuales será propuesto por el Parlamento Europeo (art. 255 TFUE).

El mandato o periodo de elección de los Jueces es por seis años, con una renovación parcial cada tres años. El mandato es renovable sin límite. Los jueces eligen entre ellos al Presidente por mayoría absoluta de los miembros jueces del Tribunal, en votación secreta (no pueden participar los Abogados Generales, ni ser elegidos). El mandato del Presidente es por una duración de tres años, pudiendo ser renovado. Sus funciones son presidir las vistas y deliberaciones, designar al juez ponente en cada caso, y goza de autoridad respecto del Secretario.El Secretario es nombrado por el Tribunal de Justicia por un periodo de seis años, ejerce laborales administrativas en relación a los procedimientos que se sustancian ante el TJ.

El Tribunal de Justicia funciona en Salas (3 y 5 jueces) o en Gran Sala (13 jueces), conforme a su Estatuto, pudiendo también actuar en Pleno. En principio es la complejidad del asunto lo que determina su atribución a una Sala de 3 o 5 jueces, o a la Gran Sala, si bien con la salvedad de que un Estado miembro puede pedir que un asunto sea conocido por la Gran Sala (art. 16.3 Estatuto del TJUE). Por su parte el Pleno tiene una lista de asuntos que se le atribuyen expresamente en el art. 16.4 del Estatuto del TJUE, como por ejemplo ocurre con la destitución del Defensor del Pueblo o el cese de los miembros de la Comisión Europea, aunque puede asumir otros asuntos, esto tiene un carácter extraordinario.

El **Tribunal General** conforme a lo dispuesto en su Estatuto (art. 254 TFUE) dispone actualmente de 54 jueces miembros, dos por cada Estado miembro. Son elegidos entre personas que ofrezcan absolutas garantías de independencia y que posean la capacidad necesaria para el ejercicio de altas funciones jurisdiccionales. Serán designados de común acuerdo por los Gobiernos de los Estados miembros por un período de seis años, tras consultar al comité a que se refiere el artículo 255 TFUE. Cada tres años tendrá lugar una renovación parcial. Los miembros salientes podrán ser nuevamente designados (art. 254 TFUE). No cuenta, sin embargo, con Abogados Generales, aunque el art. 49 del Estatuto permite a los jueces del TG actuar como tales. También tiene un Presidente y un Secretario. En cuanto a su funcionamiento, puede actuar a través de un sólo juez, o bien en Salas (3 o 5 jueces), en Gran Sala (13 jueces), y Pleno.

En relación con la naturaleza del TJUE, se trata de una institución de la Unión Europea que supone una jurisdicción obligatoria para las instituciones UE, los Estados miembros, y los particulares. Podemos decir que, en el ejercicio de sus funciones, puede actuar como una jurisdicción o tribunal de carácter 'internacional', pues puede conocer de las controversias entre los Estados miembros; con carácter 'contencioso-administrativo' al revisar y controlar la legalidad de los actos de las instituciones de la Unión; y como un tribunal 'constitucional', en particular cuando controla la constitucionalidad (conformidad con el Derecho primario de las disposiciones derivadas) así como cuando garantiza los derechos y libertades fundamentales de la Unión Europea[34].

Las funciones del TJUE son atribución, y por tanto no tiene una competencia general de carácter absoluto, ni tampoco competencias que se puedan considerar inherentes o residuales, además tal y como establece el art. 13.2 TUE, «(c)ada institución actuará dentro de los límites de las atribuciones que le confieren los Tratados, con arreglo a los procedimientos, condiciones y fines establecidos en los mismos. Las instituciones mantendrán entre sí una cooperación leal».

Como hemos dicho, le corresponde garantizar el respeto del Derecho en la interpretación y aplicación de los Tratados (art. 19.1 TUE) y en particular le corresponde pronunciarse (art. 19.3 TUE): a) sobre los recursos interpuestos por un Estado miembro, por una institución o por personas físicas o jurídicas; b) con carácter prejudicial, a petición de los órganos jurisdiccionales nacionales, sobre la interpretación del Derecho de la Unión o sobre la validez de los actos adoptados por las instituciones; y c) en los demás casos previstos por los Tratados. No obstante, existen exclusiones, que incluyen que, en materia de Política Exterior y Seguridad Común carece de competencia como regla general (art. 24.1 y art. 275 TFUE), aunque puede pronunciarse sobre los límites relativos a otras partes de los Tratados

---

[34] SARRIÓN ESTEVE, J., *Jurisdicción y Protección de los Derechos Fundamentales en la Unión Europea*, Universitas, Madrid, 2021, p. 54.

(art. 40 TUE)[35], y en cooperación judicial en materia penal y cooperación policial donde tiene restringida su competencia, pues no es competente para «comprobar la validez o proporcionalidad de operaciones efectuadas por la policía u otros servicios con funciones coercitivas de un Estado miembro, ni para pronunciarse sobre el ejercicio de las responsabilidades que incumben a los Estados miembros respecto del mantenimiento del orden público y de la salvaguardia de la seguridad interior» (art. 276 TFUE), así como tiene limitado el pronunciamiento sobre las medidas tomadas para la expulsión de un Estado miembro a las cuestiones relativas al procedimiento, pero no al fondo del asunto (art. 269 TFUE).

En particular, es importante resaltar que e TJUE tiene el monopolio del control de validez de las disposiciones y actos adoptados por las Instituciones de la Unión Europea, si bien cabe considerar como excepción que, en caso de una cuestión prejudicial de validez por parte de un juez nacional, cabe la suspensión cautelar, por parte del juez nacional, de la aplicación del acto de Derecho de la Unión hasta la resolución, así como se considera que el juez nacional puede examinar la validez de la disposición de Derecho de la Unión para confirmar la misma[36]. Además, el control que ejerce el TJUE sobre el Derecho interno en relación con el Derecho de la Unión está limitado a efectos declarativos, aunque el incumplimiento del DUE puede tener consecuencias jurídicas.

Además es importante reseñar que si bien el principio de autonomía institucional y procedimental permite a los Estados miembros configurar su nivel jurisdiccional de forma autónoma, en la medida en que los jueces y tribunales nacionales están llamados a aplicar el Derecho de la Unión y garantizar la efectividad de los derechos y libertades que el mismo reconoce, el art. 19.2 TUE puede fundamentar el control por parte del Tribunal de Justicia de la UE en relación con la independencia y estatus del juez nacional, cuando el Estado miembro adopta medidas que ponen en riesgo la tutela judicial efectiva del Derecho de la Unión[37].

---

[35]   Es decir, con las excepciones previstas en el art. 275 TFUE, ya que se someten a su control las medidas y los procedimientos de la PESC para que no invadan competencias fuera de la misma; así como sobre los recursos de anulación de particulares contra decisiones en materia de PESC que establezcan medidas restrictivas de sus derechos.

[36]   Sentencia del Tribunal de Justicia de 22 de octubre de 1987, *Foto-Frost*, C-314/85, ECLI: EU:C:1987:452.

[37]   Entre otras, véase Sentencia del Tribunal de Justicia (Gran Sala) de 27 de febrero de 2018, *Asociación Sindical de los jueces portugueses*, C-64/16, ECLI:EU:C:2018:117; Sentencia del Tribunal de Justicia (Gran Sala) de 24 de junio de 2019, *Comisión c. Polonia*, C-619/18, ECLI:EU:C:2019:531; y Sentencia del Tribunal de Justicia (Gran Sala) de 5 de noviembre de 2019, *Comisión c. Polonia*, C-192/18, ECLI:EU:C:2019:924.

Como **características generales del procedimiento ante el Tribunal de Justicia de la Unión Europea**, podemos decir que se trata de un procedimiento de carácter contradictorio, acusatorio e inquisitivo, con asistencia letrada para los particulares (excepción hecha de la cuestión prejudicial, que es conforme a las normas nacionales), de carácter flexible, público y gratuito, contando además con un tipo de procedimiento de carácter ordinario y algunos procedimientos especiales, y con carácter general una fase escrita y otra oral[38].

Hay, además, un régimen específico de la lengua del procedimiento, pues puede serlo cualquiera de las lenguas oficiales de la UE. La determinación de la lengua sigue una serie de criterios en función del tipo de procedimiento (en la cuestión prejudicial, es la lengua del Estado miembro, en los recursos directos se elige por el demandante, pero si es contra una persona física o persona jurídica de un Estado miembro, debe ser la lengua oficial de ese Estado; las partes pueden solicitar la utilización de otra lengua oficial).

Aquí ponemos un esquema del procedimiento, ante el Tribunal de Justicia:

Esquema del procedimiento

Procedimiento ante el Tribunal de Justicia		
Recursos directos y recursos de casación		*Cuestiones prejudiciales*
Fase escrita		
Escrito de recurso Notificación del recurso al demandado por el Secretario **Publicación de la comunicación del recurso en el Diario Oficial de la Unión Europea** (serie C) [Medidas provisionales] [Intervención] Escrito de contestación [Excepción de inadmisibilidad] [Réplica y dúplica]	[Solicitud del beneficio de justicia gratuita] Designación del Juez Ponente y del Abogado General	Resolución de remisión del órgano jurisdiccional nacional Traducción a todas las lenguas oficiales de la Unión Europea **Publicación de las cuestiones prejudiciales en el Diario Oficial de la Unión Europea** (serie C) Notificación a las partes, a los Estados miembros, a las instituciones de la Unión, a los Estados del EEE y al Órgano de Vigilancia de la AELC Observaciones escritas de las partes, de los Estados y de las instituciones
Elaboración del informe preliminar por el Juez Ponente Reunión general de los Jueces y Abogados Generales Atribución del asunto a una de las formaciones del Tribunal de Justicia [Diligencias de prueba]		
Fase oral		
[**Conclusiones** del Abogado General] Deliberación de los Jueces **Sentencia**		

Las actuaciones facultativas del procedimiento se indican entre corchetes.
En negrita se indican los documentos accesibles al público

Fuente: Web del Tribunal de Justicia de la Unión Europea.

---

[38] MOLINA DEL POZO, C. F., *El Tribunal de Justicia en la Unión Europea: procedimiento y recursos, op. cit.,* p. 44.

Aunque no vamos a entrar en detalles de cada uno de los **procedimientos ante el Tribunal de Justicia** de la Unión Europea, estos se pueden clasificar siguiendo diferentes criterios, bien sea atendiendo a si el control que se realiza recae sobre las instituciones de la UE (el recurso de anulación, la excepción de ilegalidad, el recurso por omisión, la cuestión prejudicial de validez, el control previo de los acuerdos internacionales, el recurso por responsabilidad extracontractual), o sobre los Estados miembros (el recurso por incumplimiento; la cuestión prejudicial de interpretación)[39]; o si se trata de acciones directas (de control de legalidad de la actividad de la Unión incluyendo los recursos de anulación, por omisión, de responsabilidad extracontractual, de casación, de plena jurisdicción, de revisión, de interpretación, y de control de legalidad de la actividad de los Estados miembros como el recurso por incumplimiento), o indirectas (la cuestión prejudicial, la excepción de ilegalidad, las medidas cautelares)[40]; o entre los destinados a la aplicación del Derecho de la Unión (procedimiento por incumplimiento, cuestión prejudicial de interpretación), protección frente a actos de las instituciones de la UE (recurso de anulación, recurso por omisión, recurso de objeción de ilegalidad, cuestión prejudicial de validez, responsabilidad por daños de las instituciones, función consultiva sobre tratados internacionales) y procedimientos especiales[41]; o bien diferenciando entre el procedimiento de la cuestión prejudicial (de validez e interpretación), los procedimientos de control de las violaciones del Derecho UE (por parte de los Estados miembros a través del recurso de incumplimiento, de las instituciones y órganos de la UE mediante los recursos de anulación, recurso de omisión y la excepción de ilegalidad), el control de la responsabilidad extracontractual de la Unión Europea, el procedimiento de resolución de los litigios entre la Unión Europea y los funcionarios y demás agentes a su servicio, y los dictámenes consultivos en relación a los acuerdos internacionales[42].

2.2. El nivel jurisdiccional de los Estados miembros

Como hemos dicho antes, los órganos jurisdiccionales nacionales, los jueces y tribunales de los Estados miembros son los tribunales ordinarios en la aplicación del Derecho de la Unión, cumpliendo así una función esencial para garantizar la efectividad de los derechos y del Derecho de la Unión, mientras que el Tribunal

---

[39]   Véase en este sentido, la aproximación realizada por ALONSO GARCÍA, R., *Sistema Jurídico de la Unión Europea*, 4.ª edición, *op. cit.*

[40]   Véase en este sentido la clasificación que sigue SARMIENTO RAMÍREZ-ESCUDERO, D., *El Derecho de la Unión Europea*, 3.ª ed., *op. cit.,* pp. 415 y ss.

[41]   LEANERTS, K., MASELS, I., y Gutman, K., *EU Procedural Law, op. cit.*

[42]   Véase SARRIÓN ESTEVE, J., *Jurisdicción y Protección de los Derechos Fundamentales en la Unión Europea, op. cit.,* pp. 55-56. Aparte de los recursos que conoce el Tribunal de Justicia contra las decisiones Tribunal General (art. 256.1 y 2 TFUE), y otros procedimientos especiales.

de Justicia de la Unión Europea queda para preservar el control de la validez del Derecho de la Unión y su interpretación homogénea como máximo intérprete.

La organización judicial de cada Estado miembro puede ser diferente, fundamentado en el principio de autonomía institucional y procedimental, de forma que los Estados miembros únicamente están obligados a determinar y organizar un sistema de recursos que garantice, eso sí, la aplicación del Derecho de la Unión. Al depender de cada Estado el desarrollo y organización del sistema de recursos, éste puede ser muy diferente. En España, por ejemplo, y atendiendo al diseño constitucional, debemos entender que no solo la jurisdicción ordinaria, sino también la jurisdicción constitucional, forman parte de este nivel jurisdiccional de la Unión Europea en el nivel de los Estados miembros, pues tanto los jueces ordinarios, que forman parte del Poder Judicial, como el Tribunal Constitucional español están llamados a la aplicación del Derecho de la Unión Europea.

Como es sabido, a la hora de aplicar el Derecho de la Unión, los tribunales nacionales deben aplicar e interpretar el Drecho de la Unión de conformidad con los principios de consolidados de Derecho constitucional de la Unión Europea, que incluyen el efecto directo, la primacía, e interpretación conforme, que permiten dotar de efectividad al Derecho de la Unión[43].

En el ejercicio de esta función jurisdiccional del Derecho de la Unión, los jueces y tribunales de los Estados miembros, son competentes para declarar la existencia de responsabilidad patrimonial por incumplimiento (por parte del Estado miembro) del Derecho de la Unión, así como para adoptar medidas provisionales suspensivas de normas internas en ejecución del Derecho de la Unión Europea, o dejar sin aplicación disposiciones internas contrarias al DUE, cuanto estemos dentro del ámbito de aplicación del Derecho de la Unión.

Uno de los desafíos que se plantean para el Derecho jurisdiccional de la Unión es delimitar con precisión el concepto de órgano jurisdiccional, es decir, de los jueces y tribunales de los Estados miembros.

Ha sido a raíz de la utilización del mecanismo de la cuestión prejudicial[44] cuando el Tribunal de Justicia ha delimitado como un concepto autónomo de Derecho de la Unión Europea el de 'órgano jurisdiccional' a los efectos del planteamiento de la cuestión prejudicial, de una forma bastante amplia, al principio, atendiendo a

---

[43]   Véase las Sentencias del Tribunal de Justicia de 5 de febrero de 1963, *Van Gend &Loos*, C-26/62, EU:C:1963:1; de 15 de julio de 1964, *Flaminio Costa c. ENEL*, C-6/64, EU:C:1964:66; de 13 de diciembre de 1990, *Marleasing*, C-106/89, EU:C:1990:395.

[44]   El art. 19.3 b) TUE dispone que el Tribunal de Justicia se pronunciará de conformidad con los Tratados «con carácter prejudicial, a petición de los órganos jurisdiccionales nacionales, sobre la interpretación del Derecho de la Unión o sobre la validez de los actos adoptados por las instituciones»; y en el art. 267 TFUE precisa los dos tipos de cuestiones prejudiciales, de interpretación y de validez.

criterios materiales más que formales y exigiendo como elementos el origen legal del órgano, su carácter permanente, la obligatoriedad de su jurisdicción, el carácter contradictorio del procedimiento, la aplicación de normas jurídicas (y no de equidad) y su independencia[45]; rechazando en este sentido como tales a los tribunales arbitrales (de derecho privado) y cualquier otro cuya constitución se deba a la voluntad de las partes en litigio, o los estrictamente administrativos, aunque admitiendo a colegios profesionales que debían adoptar decisiones jurisdiccionales, el Tribunal de Defensa de la Competencia español[46] en su momento, también por supuesto los Tribunales constitucionales; si bien la última jurisprudencia que está recayendo parece más restrictiva en relación con los órganos administrativos y ha venido a negar este carácter a la Comisión Nacional de los Mercados y de la Competencia[47].

Sin duda la cuestión prejudicial no es solo relevante para preservar el control de validez del Derecho de la UE y una interpretación uniforme, y es que el Tribunal de Justicia ha aprovechado el diálogo con los tribunales nacionales para delimitar el ámbito de aplicación del Derecho de la Unión, las relaciones con el Derecho interno, y también para tutelar los derechos y libertades establecidos del sistema de protección de derechos comunitario[48].

3. **LA CONFIGURACIÓN DEL SISTEMA DE PROTECCIÓN DE DERECHOS EN EL DERECHO CONSTITUCIONAL DE LA UNIÓN EUROPEA Y SU ÁMBITO DE APLICACIÓN**

Antes del Tratado de Lisboa el Tribunal de Justicia[49] ya se había preocupado de comenzar a tutelar los derechos fundamentales a través de su jurisprudencia, como se puede ver en el capítulo siguiente de esta obra, tras una previa constitucionali-

---

[45]   Desde la Sentencia del Tribunal de Justicia de 30 de junio de 1966, *Vaassen-Göbbels*, C-61/65, EU:C:1966:3.

[46]   Sentencia del Tribunal de Justicia de 16 de julio de 1992, *Dirección General de Defensa de la Competencia c. Asociación Española de Banca Privada y otros,* C-67/91, EU:C:1992:3302001.

[47]   Sentencia del Tribunal de Justicia (Sala Novena) de 16 de septiembre de 2020, *Anesco*, C-462/19, EU:C:2020:715

[48]   Véase en relación con la tutela de los derechos el capítulo de Capodiferro Cubero, D., en esta misma obra.

[49]   El antiguo Tribunal de Justicia de las Comunidades Europeas pasa con el Tratado de Lisboa a denominarse Tribunal de Justicia de la Unión Europea, y está formado por tres órganos: el Tribunal de Justicia, el Tribunal General (antiguo Tribunal de Primera Instancia), y los tribunales especializados (antiguas salas jurisdiccionales, si bien ahora mismo, tras la integración del Tribunal de la Función Pública en el Tribunal General no hay ningún tribunal especializado); sin embargo es importante señalar que hasta la creación del del Tribunal de Primera instancia en 1988, el Tribunal de Justicia de las Comunidades Europeas era un único órgano. Sobre esta evolución, véase ALONSO GARCÍA, R., *Las sentencias básicas del Tribunal de Justicia de la Unión Europea*, 5.ª edición, Civitas, Madrid, 2014, pp. 18-19.

zación del entonces Derecho comunitario, a través de los conocidos principios de autonomía, efecto directo y primacía, estableciendo que el ordenamiento jurídico comunitario era un ordenamiento propio, autónomo y, por tanto, diferente de los ordenamientos o sistemas jurídicos de los Estados miembros, en los que se integra, vinculando a los Estados miembros a través de las obligaciones derivadas, así como de los derechos atribuidos a los particulares[50]. Es a partir de *Stauder* (1965)[51] cuando reconoce que los derechos fundamentales forman parte de los principios generales del Derecho comunitario, y en *Internationale Handelsgesellschaft* (1970)[52] proclama que la protección de los mismos, inspirada en las tradiciones constituciones comunes de los Estados miembros, debe garantizarse en el marco de la estructura y de los objetivos de la Comunidad.

Por tanto, podemos ver como se introduce, ya desde un primer momento, una configuración autónoma y diferencial de la protección de los derechos fundamentales en el seno comunitario, vinculada a los propios objetivos y estructuras de la Comunidad, independiente de los sistemas constitucionales nacionales, para lo que es básico la utilización de ese 'comodín' de los principios generales[53].

Sin embargo, el Tribunal de Justicia no se ha limitado a configurar un sistema jurídico autónomo, sino que también se ha preocupado por desarrollar un sistema, también autónomo, de protección de derechos fundamentales. La tarea de consolidar dicho sistema de protección de los derechos fundamentales a través de la categoría de los principios generales del Derecho comunitario era necesaria dada la inexistencia —en esos momentos— de una declaración de derechos específica en el ámbito comunitario, así como por la necesidad de dar respuesta a las preocupaciones que

---

[50]   En efecto, el Tribunal de Justicia llevó a cabo un proceso de constitucionalización del Derecho comunitario a través de la proclamación de los principios de autonomía, efecto directo, y primacía (Sentencias *Van Gend &Loos*, C-26/62, y *Flaminio Costa c. ENEL*, cit.), que culmina con la atribución del carácter constitucional a los tratados constitutivos (en particular, al Tratado de la Comunidad Económica Europea, Sentencia del Tribunal de Justicia de 23 de abril de 1986, *Los Verdes c. Parlamento*, C-294/83, EU:C:1986:166. Sobre esta cuestión puede verse mi primera aproximación en SARRIÓN ESTEVE, J., «La constitucionalización sustantiva del Derecho Comunitario y sistema de fuentes», *Revista General de Legislación y Jurisprudencia*, 2007, n. 4, pp. 631-646, así como el exhaustivo y excelente trabajo de GORDILLO, L., y MARTINICO, G., *Historia del país de las hadas. La jurisprudencia constitucionaliza del Tribunal de Justicia*, Civitas, Cizur Menor, 2015.

[51]   Sentencia del Tribunal de Justicia de 12 de noviembre de 1969, *Erich Stauder*, C-29/69, EU:C:1969:57.

[52]   Sentencia del Tribunal de Justicia de 17 de diciembre de 1970, *Internationale Handelsgesellschaft*, C-11/70, EU:C:1970:114.

[53]   GORDILLO, L., y MARTINICO, G., *Historia del país de las hadas. La jurisprudencia constitucionaliza del Tribunal de Justicia, op. cit.,* p. 90.

se suscitaban desde las jurisdicciones constitucionales de los Estados miembros, también respecto de los derechos[54].

Por ello encontramos una jurisprudencia de tutela —o tuteladora— de los derechos fundamentales inspirada en las tradiciones constitucionales comunes de los Estados miembros, así como también en los instrumentos convencionales relativos a la protección de los derechos humanos en los que los Estados miembros se hubieran adherido o con los que hubieran cooperado, conforme a las sentencias *Nold* (1974)[55] y *Hauer* (1979),[56] y que serviría para controlar tanto la actuación de las instituciones como la de los Estados miembros en el marco del Derecho comunitario, *Wachauf* (1989)[57]; es decir que el Tribunal de Justicia puede llegar a controlar la compatibilidad de medidas nacionales en relación los derechos fundamentales tal y como los garantiza el Tribunal de Justicia, cuando las mismas estén afectadas o entran dentro del ámbito del Derecho comunitario, cuestión a la que atendemos más abajo. Esta doctrina se va a ver influida posteriormente por la elaboración y aprobación de la Carta de Derechos Fundamentales de la Unión Europea (CDFUE) en el año 2000, y posteriormente con la atribución a la misma, en el Tratado de Lisboa, de una fuerza jurídica equivalente al Tratado, lo que refuerza la posición del Tribunal de Justicia de la Unión Europea como «garante de los derechos fundamentales»[58], pero que configura o consolida el sistema de protección de derechos y libertades en la Unión Europea, a partir del Tratado de Lisboa, que entró en vigor el 1 de diciembre de 2009, pues conforme a lo previsto en el art. 6 TUE:

> «1. La Unión reconoce los derechos libertades y principios enunciados en la Carta de los Derechos Fundamentales de la Unión Europea de 7 de diciembre de 2000, tal como fue adaptada el 12 de diciembre de 2007 en Estrasburgo, la cual tendrá el mismo valor jurídico que los Tratados.
>
> Las disposiciones de la Carta no ampliarán en modo alguno las competencias de la Unión tal como se definen en los Tratados.

---

[54] De todos es conocido que los Tribunales constitucionales, especialmente el italiano y el alemán, pusieron de manifiesto ciertas resistencias frente a la primacía proclamada por el Tribunal de Justicia. Véase Sarrión Esteve, J., «En búsqueda de los límites constitucionales a la integración europea», *CEFLegal: revista práctica de derecho*, 2011, n. 131, pp. 81-142; y Sarrión Esteve, J., *Los límites a la integración europea en la doctrina constitucional*, Comares, Granada, 2020.

[55] Sentencia del Tribunal de Justicia de 14 de mayo de 1974, *Nold*, C-4/73, EU:C: 1974:51.

[56] Sentencia del Tribunal de Justicia de 13 de diciembre de 1979, *Hauer*, C-44/79, EU: C:1979:290.

[57] Sentencia del Tribunal de Justicia (Sala Tercera) de 13 de julio de 1989, *Wachauf*, C-5/88, EU:C:1989:321.

[58] Sobre esta jurisprudencia tuteladora de los derechos fundamentales, y en extenso sobre la posición que adquiere el Tribunal de Justicia de la Unión Europea, remito a Sarrión Esteve, J., *El Tribunal de Justicia de Luxemburgo como garante de los derechos fundamentales*, Dykinson, 2013.

Los derechos, libertades y principios enunciados en la Carta se interpretarán con arreglo a las disposiciones generales del título VII de la Carta por las que se rige su interpretación y aplicación y teniendo debidamente en cuenta las explicaciones a que se hace referencia en la Carta, que indican las fuentes de dichas disposiciones.

2. La Unión se adherirá al Convenio Europeo para la Protección de los Derechos Humanos y de las Libertades Fundamentales. Esta adhesión no modificará las competencias de la Unión que se definen en los Tratados.

3. Los derechos fundamentales que garantiza el Convenio Europeo para la Protección de los Derechos Humanos y de las Libertades Fundamentales y los que son fruto de las tradiciones constitucionales comunes a los Estados miembros formarán parte del Derecho de la Unión como principios generales».

Se deduce una configuración de la protección de los derechos fundamentales que establece tres (o dos) fuentes del sistema, 1) La CDFUE (art. 6.1 párrafo primero), 2) el CEDH (art. 6.3) y 3) las tradiciones constitucionales comunes a los Estados miembros (art. 6.3); si bien los derechos garantizados en el CEDH[59] y los que son fruto de las tradiciones constitucionales comunes tienen una doble vertiente, porque se protegen como principios generales del Derecho de la Unión (por eso podemos considerar que forman parte de la misma fuente, al menos mediata, a través de su determinación como principios) y a su vez van a ser fuente inspiradora y de interpreación de la otra, la Carta de Derechos Fundamentales de la Unión (arts. 52.3 y 4 de la CDFUE)[60].

Si bien cabe que considerar como desafío las conexiones existentes entre las distintas fuentes (CDFUE, CEDH, y tradiciones constitucionales comunes), puesto que la CDFUE bebe del CEDH y de las tradiciones constitucionales comunes, y se vincula a estas fuentes cuando los derechos están garantizados por las mismas vía art. 52.3 y 4 CDFUE, esta diversidad podría proporcionar una mayor riqueza normativa, al no existir un único instrumento de legitimación de los derechos fun-

---

[59]   Esto se complementa, como hemos dicho, con la previsión de la adhesión al Convenio (art. 6.2 TUE) que constituye un mandato claro, a pesar de los obstáculos que se derivan del mismo, sobre todo teniendo en consideración la interpretación del TJUE manifestada en el Dictamen 2/13 de 28 de diciembre de 2014 sobre el proyecto de adhesión. Véase Dictamen 2/13 del Tribunal de Justicia (Pleno) de 28 de diciembre de 2014, EU:C:2014:2454.

[60]   Así, dispone el art. 52, apartados 3 y 4 CDFUE:

«3. En la medida en que la presente Carta contenga derechos que correspondan a derechos garantizados por el Convenio Europeo para la Protección de los Derechos Humanos y de las Libertades Fundamentales, su sentido y alcance serán iguales a los que les confiere dicho Convenio.

Esta disposición no obstará a que el Derecho de la Unión conceda una protección más extensa.

4. En la medida en que la presente Carta reconozca derechos fundamentales resultantes de las tradiciones constitucionales comunes a los Estados miembros, dichos derechos se interpretarán en armonía con las citadas tradiciones».

damentales sino una pluralidad de los mismos llamados a interactuar generando una historia interminable de los derechos y libertades (*an open-ended process*)[61] lo que debería potenciar la utilización del paradigma multinivel o pluralista en la aplicación e interpretación del sistema.

No obstante, el refuerzo de la autoridad del Derecho de la UE a través de la reiterativa reafirmación de su autonomía —incluyendo al sistema de protección de derechos fundamentales del mismo— que podemos observar en las conocidas decisiones del Tribunal de Justicia *Melloni* y *Åkerberg Fransson* (2013)[62] en relación a los sistemas nacionales; como también en el Dictamen 2/13 de 28 de diciembre de 2014, sobre el proyecto de adhesión al sistema convencional[63], en relación con el mismo, suscitan ciertas dudas.

Vista esta configuración del sistema de protección de los derechos fundamentales en el Derecho de la Unión, y como hemos apuntado con antelación, uno de los desafíos que podemos encontrar es el delimitar con precisión su ámbito de aplicación, sobre todo por los posibles problemas de articulación en relación con un eventual conflicto constitucional o de estándares de protección, al poder concurrir en competencia el estándar de sistema de protección del Derecho de la Unión con el estándar de protección nacional o constitucional de un Estado miembro.

Antes de la entrada en vigor del Tratado de Lisboa, el Tribunal de Justicia ya tuvo oportunidad de pronunciarse sobre el ámbito de aplicación de los derechos fundamentales como principios generales del Derecho comunitario, hoy Derecho de la UE, estableciendo que vinculaban no sólo a las instituciones europeas, sino también a los Estados miembros cuando aplican el Derecho comunitario (*Wachauf*, 1989)[64], o invocan una excepción al mismo dentro de su ámbito de aplicación (*Elliniki*, 1991)[65]. La doctrina sentada en *Elliniki* es muy significativa, porque en *Wachauf* el ámbito de las normas nacionales que se sujetaban al control de la protección de los derechos fundamentales del Derecho de la UE se limitaba a las medidas nacionales

---

[61] CHALMERS, D., DAVIES, G., y MONTI, G., *European Union Law: Text and Materials*, 3.ª edición, Cambridge University Press, Cambridge, 2014, p. 250.

[62] Sentencias del Tribunal de Justicia (Gran Sala), de 26 de febrero de 2013, *Stefano Melloni*, C-399/11, EU:C:2013:107; y *Åklagaren c. Åkerberg Fransson*, C-617/10, EU:C:2013:105. Doctrina del TJUE que se ha visto confirmada en posteriores sentencias como, por ejemplo, Sentencias del Tribunal de Justicia (Gran Sala) de 5 de abril de 2016, *Pál Aranyosi y Robert Căldăraru*, asuntos acumulados C-404/15 y C-659/15 PPU, EU:C:2016:198, y (Sala Cuarta) de 24 de mayo de 2016, *Pawel Dworzecki*, C-108/16 PPU, EU:C:2016:346.

[63] Ya citado.

[64] Ya citado.

[65] Sentencia del Tribunal de Justicia de 18 de junio de 1991, *Elliniki Radiophonia Tiléorassi AE et Panellinia Omospondia Syllogon prossopilou c. Dimotiki Etairia Pliroforissis et Sotirios Kouvelas et Nicolaos Avdellas y otros* C-260/89, EU:C:1991:254.

que traspusieran o implementaran Derecho comunitario, mientras que *Elliniki* implica una ampliación más amplia, el contorno del ámbito de aplicación del Derecho de la UE[66], que se amplía a supuestos en los que podemos encontrar un criterio de conexión con el Derecho de la Unión.

La adquisición de fuerza jurídica de la Carta planteaba dudas en relación con el ámbito de aplicación específico de la Carta como una de las fuentes, y seguramente la fuente principal, en la actualidad, del sistema de protección de derechos y libertades en la Unión, ya que el art. 51.1 CDFUE circunscribe la aplicación de las disposiciones de la Carta, para los Estados miembros, únicamente cuando apliquen el Derecho de la Unión, en el sentido de que:

> «Las disposiciones de la presente Carta están dirigidas a las instituciones, órganos y organismos de la Unión, dentro del respeto del principio de subsidiariedad, así como a los Estados miembros únicamente cuando apliquen el Derecho de la Unión. Por consiguiente, éstos respetarán los derechos, observarán los principios y promoverán su aplicación, con arreglo a sus respectivas competencias y dentro de los límites de las competencias que los Tratados atribuyen a la Unión».

De forma que se suscitaron dudas sobre la coincidencia o no entre el ámbito de aplicación del Derecho de la Unión y el ámbito de aplicación de la Carta, por si el primero podía ser más amplio que el segundo, y por tanto el segundo más restrictivo que el primero, en relación con la actuación de los Estados miembros. No obstante, teniendo en consideración la doctrina *Elliniki*, se podía inferir que la respuesta sería negativa a esa diferenciación, y que la expresión de cuando «apliquen el Derecho de la Unión» debe entenderse de forma equivalente al ámbito de aplicación del Derecho comunitario, puesto que una situación que recae dentro del ámbito de aplicación de este llama a su aplicación, como se constata en *Åkerberg Fransson* (2013)[67].

También surgió algún debate sobre la eficacia horizontal de los derechos fundamentales contenidos en la Carta, o la llamada «*Drittwirkung*»[68], dado que el art. 51.1 no mencionaba esta eficacia, pero Tribunal de Justicia ya tuvo oportunidad de enfrentarse a esta cuestión antes de la existencia de la Carta de Derechos, y de

---

[66] BIONDI, A., «Free Trade, a Mountain Road and the Right to Protest: European Economic Freedoms and Fundamental Individual Rights», *European Human Rights Law Review*, n. 1, 2004, p. 55.

[67] *Åkerberg Fransson,* cit, apartado 21.

[68] Sobre este tema, véase BILBAO UBILLOS, J. M., «La consolidación dogmática y jurisprudencial de la drittwirkung: una visión de conjunto», *AFDUAM*, n. 21, 2017, pp. 43-74; SARMIENTO, D., «El efecto horizontal de las libertades de circulación de la Unión Europea», *AFDUAM*, n. 21, 2017, pp. 122-147.

forma casuística vino a reconocer a ciertos derechos eficacia horizontal[69], lo que continua, con los problemas propios de cualquier sistema pretoriano[70].

Quizá otro desafío no menos relevante es el de los eventuales conflictos constitucionales que pueden surgir en el ejercicio de la función jurisdiccional cuando la inaplicación del sistema de protección de derechos fundamentales se hace para aplicar un estándar de protección de derechos inferior establecido en el sistema de protección de derechos del Derecho de la Unión.

Aunque es verdad, como hemos dicho con antelación, que entendemos que el sistema de protección de derechos fundamentales del DUE tiene diversas fuentes de protección, es la Carta la que parece establecer un criterio de conexión entre el estándar de protección del Derecho de la Unión y los estándares nacionales o constitucionales, a través del art. 53 CDFUE, bajo la rúbrica 'nivel de protección' que establece:

> «Ninguna de las disposiciones de la presente Carta podrá interpretarse como limitativa o lesiva de los derechos humanos y libertades fundamentales reconocidos, **en su respectivo ámbito de aplicación,** por el Derecho de la Unión, el Derecho internacional y los convenios internacionales de los que son parte la Unión o todos los Estados miembros, y en particular el Convenio Europeo para la Protección de los Derechos Humanos y de las Libertades Fundamentales, así como por las constituciones de los Estados miembros».[71]

Podría decirse que, a la luz de este artículo, la CDFUE asume la existencia de al menos tres niveles de protección o estándares de protección de derechos: el del Derecho de la Unión (**estándar DUE**); el estándar del Derecho Internacional y convenios internacionales de los que son parte la UE o todos los EEMM, en particular el CEDH (**estándar internacional o convencional**), y el estándar de las Constituciones de los Estados miembros (**estándar constitucional, nacional o interno**).

Además, de la literalidad del precepto pareciera desprenderse que la CDFUE no podría suponer una limitación o lesión de los derechos reconocidos en dichos niveles o estándares, sea el estándar DUE (donde la CDFUE como hemos visto no es

---

[69]   Así, por todas, véase Sentencia del Tribunal de Justicia de 8 de abril de 1976, *Defrenne c. Sabena (2)*, C-43/75, EU:C:1976:56; Sentencia del Tribunal de Justicia de 15 de diciembre de 1995, *Bosman*, C-415/93, EU:C:1995:463.

[70]   Véase, entre otros, Lecykiewicz, D., «Horizontal Application of the Charter of Fundamental Rights», *European Law Reivew*, n. 38, 2013; Cruz Villalón, P., «La incidencia de la carta (DFUE) en la confluencia de la eficacia horizontal de los Derechos Fundamentales y la ineficacia horizontal de las directivas: De Kücükdeveci a Dansk Industri», *AFDUAM*, n. 21, 2017. pp. 101-120; Frantziou, E., «(Most of) the Charter of Fundamental Rights is Horizontally Applicable», *European Constitutional Law Review*, n.15, 2019, pp. 306-323.

[71]   Negrita añadida por el autor.

la única fuente), el internacional o convencional, o el estándar constitucional; siendo también cierto que específica o concreta «en su respectivo ámbito de aplicación», condicionando también, parece, la protección de dichos derechos a que estemos dentro del ámbito de aplicación del DUE, el Derecho Internacional o convencional, o las Constituciones de los diferentes Estados Miembros.

Esto plantea un problema de determinación del ámbito de aplicación, porque podría deducirse —y el TJUE es lo que parece estar asumiendo, en la doctrina asentada en *Melloni* y Ackerberg—, que en el ámbito de aplicación del DUE no se aplican el Derecho Internacional ni las Constituciones nacionales, por lo que no entraría en juego el art. 53 CDFUE, salvo que el propio Derecho de la Unión que sea aplicable realice una llamada a dichos estándares.

Antes de *Melloni* y *Ackerberg* un importante sector de la doctrina había planteado que el art. 53 constituiría una cláusula de no regresión[72], o una cláusula transversal[73], que serviría para legitimar un criterio a favor del máximo estándar de protección, y consecuentemente sólo se aplicaría el estándar de protección de la CDFUE en caso de que el mismo garantizara un nivel superior de protección, en cuyo defecto debería aplicarse el estándar mayor (sea el internacional o el constitucional que sea aplicable)[74]. Sin embargo, el TJUE niega la posibilidad en el sentido de establecer que el estándar nacional de protección, esto es, la respectiva Constitución nacional, será aplicable —en el ámbito de aplicación del Derecho de la Unión— sólo cuando un acto del Derecho de la Unión requiere de medidas nacionales para su ejecución, porque al existir Derecho nacional, entraría dentro del ámbito de aplicación de la Constitución nacional; lo que sucede es que esa aplicación estaría condicionada, además, a que no afecte al nivel de protección previsto en la Carta, conforme a la interpretación del Tribunal de Justicia, ni a la primacía, la unidad y la efectividad del Derecho de la Unión Europea.

---

[72]   LIISBERG, J. B., «Does the EU Charter of Fundamental Rights Threaten the Supremacy of Community Law», *Common Market Law Review*, v. 38, n. 5, 2001, p. 1171.

[73]   FREIXES SANJUAN, T., «Derechos fundamentales en la Unión Europea. Evolución y prospectiva: la construcción de un espacio jurídico europeo de los derechos fundamentales», *Revista de Derecho Constitucional Europeo*, n. 4, 2005, pp. 13 y ss.

[74]   A título ilustrativo, entre otros: ALONSO GARCÍA, R., *Sistema Jurídico de la Unión Europea*, Civitas, 2.ª edición, 2010, pp. 312-314; RIDOLA, P., «La Carta dei diritti fondamentali dell'Unione Europea e la "tradizioni costituzionali comuni" degli Stati membri», en *Le riforme istituzionali e la partecipazione dell'Italia all'Unione europea*, Giuffrè, Luiss Edizioni, Milán, 2002, p. 92; FREIXES SANJUAN, T., «Derechos fundamentales en la Unión Europea. Evolución y prospectiva: la construcción de un espacio jurídico europeo de los derechos fundamentales», cit., pp. 23-26. Sobre esta cuestión se puede ver en detalle SARRIÓN ESTEVE, J., «Sobre la necesidad de buscar el estándar o nivel más alto de protección de los derechos fundamentales en el sistema de tutela multinivel en la Unión Europea», *CEFLegal: Revista Práctica del Derecho*, 162, 2014, pp. 155-184.

Esto, en realidad, suponte que se vuelve, también aquí, a un sistema pretoriano para estos supuestos, en el que el Tribunal de Justicia es el que va a delimitar y ponderar, normalmente en la resolución de cuestiones prejudiciales, entre los derechos fundamentales tutelados en las Constituciones de los Estados miembros, y su nivel de protección, como excepción a los derechos y nivel de protección de la Carta, así como a la primacía, unidad y efectividad del Derecho de la UE[75]; permitiendo, eso sí, un desarrollo del diálogo entre Cortes o, como se ha dicho, la resolución de las eventuales controversias a través de la cuestión prejudicial evitando los posibles conflictos constitucionales, como mostraría el caso *Consob* (2021)[76], relativo al derecho a guardar silencio en el procedimiento sancionador, y que ha permitido que el Tribunal de Justicia haya sido flexible permitiendo el mayor nivel de protección en este caso[77].

4. REFLEXIONES FINALES

El Derecho constitucional, en cuanto que disciplina jurídica, se interesa por el Derecho constitucional europeo, entiendo este en sentido amplio, como los aspectos constitucionales que afectan tanto al proceso de integración europea y a su sistema jurídico (Derecho constitucional de la Unión Europea), como también a las cuestiones constitucionales de los Estados miembros que forman parte del proceso de integración (Derecho constitucional interno).

Desde esta perspectiva, y partiendo de la teoría o del paradigma multinivel, que trata de explicar las relaciones entre sistemas jurídicos o normativos que están interconectados, la Jurisdicción de la Unión Europea plantea algunos desafíos o retos importantes, teniendo en consideración tanto su naturaleza compuesta por la doble función jurisdiccional en la aplicación del Derecho de la Unión, del nivel jurisdiccional de la Unión Europea (Tribunal de Justicia de la Unión Europea) como del nivel jurisdiccional de los Estados miembros.

Entre estos desafíos está la delimitación con precisión de las relaciones entre los dos niveles jurisdiccionales, el concepto de órgano jurisdiccional o de tribunal

---

[75] El Tribunal de Justicia ha ido desarrollando y matizando esta aplicabilidad del nivel de protección establecido en la Constitución de un Estado miembro cuando es una situación que no está totalmente determinada por el Derecho de la Unión, el nivel de protección nacional es superior al nivel de protección de la CDFUE y siempre que no se afecte a la primacía, unidad y efectividad del Derecho de la Unión. Véase, entre otras, Sentencia del Tribunal de Justicia (Gran Sala) de 5 de diciembre de 2017, *M.A.S. y M.B*, C-42/17, EU:C:2017:936; Sentencia del Tribunal de Justicia (Gran Sala) de 22 de junio de 2021, *Procedimiento incoado por B*, C-439/19, EU:C:2021:504.

[76] Sentencia del Tribunal de Justicia (Gran Sala) de 2 de febrero de 2021, *Consob*, C-481/19, EU:C:2021:84.

[77] SARMIENTO, D., *El Derecho de la Unión Europea*, 4.ª edición, *op. cit.,* pp. 238-239.

nacional a los efectos del ejercicio de la función jurisdiccional en el nivel interno, la configuración del sistema de protección de los derechos fundamentales de la Unión, y su ámbito de aplicación. Asimismo, no se puede obviar la relevancia que puede tener el diálogo entre los tribunales de ambos niveles jurisdiccionales para resolver los eventuales conflictos constitucionales que se puedan producir.

5. REFERENCIAS BIBLIOGRÁFICAS

ATIENZA, M., «Constitución y argumentación», *Anuario de Filosofía del Derecho*, 2007.

BENLLOCH DOMÈNECH, C., y SARRIÓN ESTEVE, J., *Los retos sociales y jurídicos de un mundo en transformación: una aproximación a la Sociología del Derecho*, Tirant lo Blanch, Valencia, 2022.

BALAGUER CALLEJÓN, F., «Constitucionalismo multinivel y derechos fundamentales en la Unión Europea» en *Estudios en homenaje al Profesor Gregorio Peces Barba*, v. 2, Dykinson, Madrid, 2008, pp. 133-158.

BALAGUER CALLEJÓN, F. (coord)., CÁMARA VILLAR, G., BALAGUER CALLEJÓN, M. L. y MONTILLA MARTOS, J. A., *Introducción al Derecho Constitucional*, 5.ª ed., Tecnos, Madrid, 2016.

BALAGUER CALLEJÓN, M. L., *Interpretación de la Constitución y Ordenamiento jurídico*, Tecnos, Madrid, 1997.

BIONDI, A., «Free Trade, a Mountain Road and the Right to Protest: European Economic Freedoms and Fundamental Individual Rights», *European Human Rights Law Review*, n. 1, 2004.

BORRAJO INIESTA, I., «Las fricciones jurisdiccionales en la cooperación prejudicial: los tribunales constitucionales ante el Derecho Comunitario», *Estudios de Derecho Judicial*, n. 95, 2006.

BOBIĆ, A., «Constitutional Pluralism Is Not Dead: An Analysis of Interactions Between Constitutional Courts of Member States and the European Court of Justice», *German Law Journal*, v. 18, n. 6, 2017, pp. 1395-1428.

CHALMERS, D., DAVIES, G., y MONTI, G., *European Union Law: Text and Materials*, 3.ª edición, Cambridge University Press, Cambridge, 2014.

CRUZ VILLALÓN, P., «La incidencia de la carta (DFUE) en la confluencia de la eficacia horizontal de los Derechos Fundamentales y la ineficacia horizontal de las directivas: De Kücükdeveci a Dansk Industri», *AFDUAM*, n. 21, 2017. pp. 101-120.

FRANTZIOU, E., «(Most of) the Charter of Fundamental Rights is Horizontally Applicable», *European Constitutional Law Review*, n.15, 2019, pp. 306-323.

FREIXES SAN JUAN, T., «Constitucionalismo multinivel e integración europea» en *Constitucionalismo Multinivel y relaciones entre Parlamentos: Parlamento europeo, Parlamentos nacionales, Parlamentos regionales con competencias legislativas*, CEPC, Madrid, 2011, pp. 37-50

GARRIDO, A., y ANTONIA MARTÍNEZ, M., «Las redes científicas del derecho constitucional y de la ciencia política en España: genealogía, estructura y desarrollo», *Revista de Estudios Políticos*, n. 193, 101-143, doi: https://doi.org/10.18042/cepc/rep.193.04

GÓMEZ SÁNCHEZ, Y., *Constitucionalismo Multinivel. Derechos Fundamentales*, 5.ª ed., Sanz y Torres, Madrid, 2020.

GÓMEZ SÁNCHEZ Y., y ELÍAS MÉNDEZ, C., *Derecho Constitucional Europeo*, Aranzadi, Madrid, 2020.

GORDILLO, L., y MARTINICO, G., *Historia del país de las hadas. La jurisprudencia constitucionaliza del Tribunal de Justicia*, Civitas, Madrid, 2015.

HÄBERLE, P., «Derecho constitucional común europeo», traducción de Mikunda Fanco, E., *Revista de Estudios Políticos (Nueva Época)*, n. 79, 1993, pp. 7-46.

— «Europa como comunidad constitucional en desarrollo», *Revista de Derecho Constitucional Europeo*, n.1, 2004.

JAKLIC, K., *Constitutional Pluralism in the EU*, Oxford University Press, Oxford, 2014.

LEANERTS, K., MASELS, I., y GUTMAN, K., *EU Procedural Law*, Oxford University Press, Oxford, 2014

LECYKIEWICZ, D., «Horizontal Application of the Charter of Fundamental Rights», *European Law Reivew*, n. 38, 2013

MACCORMICK, N., *Questioning Sovereignty. Law, State and Nation in the European commonwealth*, Oxford University Press, Oxford, 1999, pp. 703-750.

MARTÍNEZ SOSPEDRA, M., *Estado y Constitución*, Fundación Universitaria San Pablo CEU, Valencia, 2.ª ed., 1994.

MAYER, F. C. y WENDEL, M., «Multilevel Constitutionalism and Constitutional Pluralism» en Matej, A., y Komárek J. (Ed.), *Constitutional Pluralism in the European Union and Beyond*, Hart Publishing, Oxford and Portland, 2012.

MOLINA DEL POZO, C. F., *El Tribunal de Justicia en la Unión Europea: procedimiento y recursos*, Aranzadi, Madrid, 2020.

MUÑOZ MACHADO, S., «Los tres niveles de garantías de los Derechos Fundamentales en la Unión Europea: problemas de articulación», *Revista de Derecho Comunitario Europeo*, n. 50, 2015, pp. 195-230.

PALOMINO MANCHEGO, J. F., «Estudio preliminar», en J. Tajadura Tejada, *El Derecho Constitucional y su enseñanza*, Instituto Iberoamericano de Derecho Constitucional, Grijley, 2001, pp. 19-38.

PERNICE, I., «Multilevel constituionalism and the Treaty of Amsterdam: European Constitution-making evisited?», *Common Market Law Review*, n. 36, 1999, pp. 703-756.

— «Multilevel constitutionalism in the European Union», *European Law Review*, n. 5, 2002, pp. 511-529.

PESET REIG, M., y GARCÍA TROBAT, P., «Las primeras cátedras de Constitución», *Homenaje a Joaquín Tomás Villarroya*, Tomo II, Generalitat Valenciana, 2000, pp. 889-905.

PORTERO MOLINA, A., «Algunas cuestiones en el Derecho Político español. 1875-1900», *Revista de Estudios Políticos*, n. 18, 1980.

RAZ, J. «On the Authority and Interpretation of Constitutions: Some preliminaries», en Alexander, L. (ed.), *Constitutionalism. Philo-sophical Foundations*, Cambridge University Press, Cambridge, 1998

REQUEJO PAGÉS, J. L., *Sistemas normativos, Constitución y Ordenamiento*, McGraw-Hill, Madrid, 1995

ROMANO, S., *El ordenamiento jurídico*, Centro de Estudios Políticos y Constitucionales, Madrid, 2013.

SÁNCHEZ AGESTA, L., «Las primeras cátedras españolas de Derecho Constitucional», *Revista de Estudios Políticos*, n.126, 1962, pp. 157-167.

SÁNCHEZ FERRIZ, R., Aproximación a la difusión de las ideas constitucionales en España y su configuración como disciplina jurídica en el siglo XIX», en Sánchez Ferriz, R. y García Pechuán, M. (coords.), *La enseñanza de las ideas constitucionales en España e Iberoamérica*, ENE, 2001, pp. 63-106.

SARMIENTO RAMÍREZ-ESCUDERO, D., *El Derecho de la Unión Europea*, Marcial Pons, Madrid, 2016.

— *El Derecho de la Unión Europea*, 3.ª ed., Marcial Pons, Madrid, 2020.

SARRIÓN ESTEVE, J., «La constitucionalización sustantiva del Derecho Comunitario y sistema de fuentes», *Revista General de Legislación y Jurisprudencia*, 2007, n. 4, pp. 631-646

— «El nuevo horizonte constitucional para la Unión Europea: a propósito de la entrada en vigor del Tratado de Lisboa y la Carta de Derechos Fundamentales», *CEFLegal: Revista Práctica del Derecho*, 2011, n. 121, pp. 53-102.

— «En búsqueda de los límites constitucionales a la integración europea», *CEFLegal: revista práctica de derecho*, 2011, n. 131, pp. 81-142.

— *Los límites a la integración europea en la doctrina constitucional*, Comares, Granada, 2020.

— *Jurisdicción y Protección de los Derechos Fundamentales en la Unión Europea*, Universitas, Madrid, 2021

— *El reconocimiento y protección de los derechos y libertades en un mundo en transformación ¿Hacia un nuevo paradigma constitucional?*, Aranzadi, Madrid, 2022.

Tajadura Tejada, J., *El Derecho Constitucional y su enseñanza*, Instituto Iberoamericano de Derecho Constitucional, Grijley, Lima, 2001.

Torres del Moral, A., *Estado de Derecho y Democracia de Partidos*, 5.ª ed., Universitas, Madrid, 2015,

Villar Palasí, J. L. y Villar Ezcurra, J. L., *Principios de Derecho Administrativo, Tomo I. Concepto y Fuentes*, Servicio de Publicaciones Universidad Complutense de Madrid, Madrid, 1984.

Villaverde, I., «El constitucionalismo líquido. La dogmática constitucional de los derechos fundamentales del siglo xxi», *Revista da Ajuris*, v. 45, n. 144, 2018, pp. 529-555.

CAPÍTULO II
EL TRIBUNAL DE JUSTICIA DE LA UNIÓN EUROPEA Y LA PROTECCIÓN DE LOS DERECHOS FUNDAMENTALES EN EL ORDENAMIENTO COMUNITARIO

Daniel Capodiferro Cubero

Profesor Contratado Doctor
Departamento de Derecho Constitucional
Universidad Nacional de Educación a Distancia (UNED)

SUMARIO: 1. Introducción. 2. La progresiva incorporación jurisprudencial de los derechos fundamentales en el acervo comunitario. 3. La evolución de la doctrina del Tribunal de Justicia tras el Tratado de Lisboa. 4. La postura del Tribunal de Justica ante la adhesión de la Unión Europea al Convenio Europeo de Derechos Humanos. 5. Reflexiones finales. 6. Referencias bibliográficas.

1. Introducción

La consideración de los derechos fundamentales como elemento nuclear del sistema constitucional constituía un punto de convergencia de los seis países fundadores de las Comunidades Europeas en el momento de firmar los Tratados originarios en los años 50. Sin embargo, su protección directa quedo fuera de estos textos, ya que primó una visión «funcionalista» de la integración[1]. Sin embargo, en el momento en el que el proyecto europeo pretendió articularse mediante un sistema de «constitucionalismo multinivel» materializado a través de la existencia simultánea de varios planos jurídicos y decisorios que representan una fórmula de integración política de algún modo más intensa que la que permite el Derecho Internacional, esta materia no pudo ser obviada sin más.

El Tribunal de Justicia ha desempeñado una labor determinante en este sentido. Primero, reconociendo e incorporando los derechos de los ciudadanos al Ordenamiento comunitario mediante su jurisprudencia, en claro exceso competencial. Y en la actualidad, como garante de la eficacia del texto que los codifica de manera

---

[1] Cámara Villar, G., «Los derechos fundamentales en el proceso histórico de construcción de la Unión Europea y su valor en el Tratado Constitucional», *Revista de Derecho Constitucional Europeo*, n. 4, 2005, p. 12.

vinculante, la Carta de Derechos Fundamentales de la Unión Europea. No obstante, el estado actual de la cuestión en el plano comunitario dista mucho de ser sencillo. Primero, por los problemas que plantea el hecho de que la Unión Europea incida sobre el régimen jurídico de derechos fundamentales sobre los que no ostenta una competencia material. Pero también, y para lo que ahora interesa, por el delicado papel que corresponde al Tribunal de Justicia en el sistema de protección *sui generis* que se ha ido componiendo con el tiempo.

Porque en su tarea de asegurar «el respeto del Derecho en la interpretación y aplicación de los Tratados» (art. 19.1 TUE), la jurisdicción comunitaria está obligada a garantizar los derechos de los ciudadanos. Pero también los principios jurídicos formales que caracterizan el Ordenamiento comunitario: la primacía, la eficacia y el efecto directo. Y en el momento en el que ambas cosas pueden no ser compatibles, se da una situación en la que es preciso determinar las prioridades. Ante este dilema, la principal preocupación del Tribunal de Justicia parece ser la reivindicación de su propia autonomía decisoria frente a cualquier influencia procedente de los Estados miembros o las instancias internacionales[2]. Y en ejercicio de ésta, su actuación plantea dudas en la medida en que, a la vista de la jurisprudencia, no se puede concluir con claridad si considera que proteger los derechos de los ciudadanos europeos es una finalidad prioritaria o, por el contrario, un objetivo subordinado al cumplimiento efectivo de las normas de la Unión.

2. LA PROGRESIVA INCORPORACIÓN JURISPRUDENCIAL DE LOS DERECHOS FUNDAMENTALES EN EL ACERVO COMUNITARIO

La creación de las Comunidades Europeas fue posible porque se optó por un modelo esencialmente económico materializado, principalmente, en el Tratado de la CEE. Y eso supuso renunciar a cualquier aspiración de que los Estados se sometieran a una autoridad superior en cuestiones sensibles de índole constitucional, como la regulación y garantía de los derechos de sus ciudadanos. Asumiendo el carácter absoluto de la limitación material de la integración, se confió para esta tarea en la protección que pudieran ofrecer el Tribunal Europeo de Derechos Humanos como órgano jurisdiccional de naturaleza internacional y, esencialmente, los sistemas jurídicos nacionales, incluso en lo relativo a los ámbitos de acción comunitaria[3]. A este respecto, también hay que tener en cuenta que en aquellos primeros años, las instituciones comunitarias

---

[2] GORDILLO PÉREZ, L. I., «El TJUE y el Derecho Internacional: la defensa de su propia autonomía como principio constitucional básico», *Cuadernos de derecho transnacional*, v. 9, n. 2, 2017, p. 350.

[3] CARTABIA, M., «La Unión Europea y los Derechos fundamentales: 50 años después», *Revista Vasca de Administración Pública*, n. 82-II, 2008, p. 87.

no estaban en la mejor posición para asumir ninguna función en esta materia, dada la carencia de un órgano con legitimación democrática clara y directa, un requisito clave para garantizar que los ciudadanos de una sociedad puedan disfrutar de forma equitativa de los mismos derechos subjetivos[4]. Y también, por la ausencia inicial de aquellas reglas de aplicación (primacía y efecto directo) necesarias para que un sistema normativo pueda incidir de manera inmediata en la esfera jurídica de los ciudadanos[5], algo esencial para la eficacia de una eventual regulación armonizada de un derecho.

En este contexto, no sorprende que el Tribunal de Justicia rechazara hasta finales de los años 60 cualquier demanda basada en una eventual vulneración directa de derechos fundamentales basándose en una interpretación muy literal del art. 164 TCEE[6], cuya redacción original se limitaba a establecer que el Tribunal de Justicia «garantizará el respeto del Derecho en la interpretación y aplicación del presente Tratado». En esencia, se argumentaba que estos no constituían una materia objeto de los Tratados y, en consecuencia, las referencias que estos contienen a derechos individuales debían entenderse, de acuerdo con la naturaleza económica de las Comunidades Europeas, únicamente como principios para la implementación y realización del mercado común, siendo su protección una competencia exclusiva nacional. No obstante, no se puede descartar la concurrencia de otras razones instrumentales en aquellas primeras sentencias del Tribunal de Justicia. Por ejemplo, el temor a la posible reacción negativa de los Estados miembros ante eventuales pronunciamientos que supusieran en la práctica un aumento de las competencias comunitarias no previsto expresamente[7]; o el hecho de que su principal preocupación en aquel momento era simplemente la de asegurar la fuerza vinculante y la independencia del nuevo sistema normativo europeo[8].

Los ejemplos más claros de esta primera etapa son las Sentencias en los Asuntos *Stork*, de 1959[9], y *Sgarlata*, resuelto en 1965[10], a las que se pueden sumar las recaídas

---

[4] HABERMAS J., «El Estado democrático de Derecho. ¿Una unión paradójica de principios contradictorios?», *Anuario De Derechos Humanos. Nueva Época*, n. 2, 2001, p. 257.

[5] PÉREZ VERA, E., «El Tratado de la Unión Europea y los derechos humanos», *Revista de Instituciones Europeas*, n. 20-2, 1993, p. 460.

[6] *Ibidem*, p. 467.

[7] MARICA, A., *Unión Europea y el perfil constitucional de su Tribunal de Justicia*, Aranzadi, Cizur Menor, 2013, p. 225.

[8] MILLÁN MORO, L., «El Tribunal de Justicia de las Comunidades Europeas como Tribunal Constitucional europeo», en *La Unión Europea en perspectiva constitucional*, Aranzadi, Cizur Menor, 2008, p. 180.

[9] Sentencia del Tribunal de Justicia de 4 de febrero de 1959, *Friedrich Stork & Cie c. Alta Autoridad de la Comunidad Europea del Carbón y del Acero*, C-1/58, ECLI:EU:C:1959:4.

[10] Sentencia del Tribunal de Justicia de 1 de abril de 1965, *Marcello Sgarlata y otros c. Comisión de la CEE*, C-40/64, ECLI:EU:C:1965:36.

en el primer Asunto *Nold*[11], y en *Comptoirs de Vente*[12], que se expresan con los mismos argumentos. En el primero de estos Fallos, el Tribunal de Justicia determinó que su misión quedaba limitada a asegurar el respeto del Derecho Comunitario al interpretar y aplicar el Tratado y los Reglamentos de ejecución, lo que limitaba las posibilidades de enjuiciar una decisión adoptada por las Comunidades Europeas. En consecuencia, no debía pronunciarse por regla general sobre las normas nacionales, lo que le impedía entrar a examinar la eventual vulneración de ciertos principios consagrados en un Ordenamiento nacional (par. 4.a), aunque fueran de rango constitucional. *Comptoirs de Vente* y *Sgarlata* son incluso más claras en este sentido, al concluir que las normas constitucionales nacionales sobre derechos fundamentales no podían invalidar una previsión incluida en uno de los Tratados al no ser aplicables por el Tribunal, que limitaba sus funciones a una revisión basada exclusivamente en el Derecho comunitario. Incluso aunque existiera cierta coincidencia en los Ordenamientos nacionales sobre ese derecho bajo la forma de tradición constitucional común a todos los Estados miembros[13].

Sin embargo, la intensificación de la cooperación política y la ampliación material del proceso de integración llevaron al Tribunal a cambiar su postura en la materia[14], obligándole a aceptar la fuerza vinculante de los derechos en el Ordenamiento Comunitario como única vía para sostener su supremacía. Desde 1969, desarrolló una línea jurisprudencial calificada comúnmente por la doctrina como «pretoriana», focalizada en la solución de casos concretos, y donde no parecía importar la falta de competencia material directa para articular el régimen jurídico de los derechos fundamentales. Es por eso por lo que se puede hablar de una tarea de auténtica construcción constitucional, realizada sin contar con un respaldo positivo expreso[15], por lo que se recurrió como solución a la noción de «principios generales»

---

[11]   Sentencia del Tribunal de Justicia de 20 de marzo de 1959, J. *Nold KG c. Alta Autoridad de la Comunidad Europea del Carbón y del Acero*, C-18/57, ECLI:EU:C:1959:6.

[12]   Sentencia del Tribunal de Justicia de 15 de julio de 1960, *Präsident Ruhrkolen-Verkaufsgesellschaft mbH, Geitling Ruhrkohlen-Verkaufsgesellschaft mbH, Mausegatt Ruhrkohlen-Verkaufsgesellschaft mbH y I. Nold KG c. Alta Autoridad de la Comunidad Europea del Carbón y del Acero*, asuntos acumulados C-36, 37, 38, y 40/59, ECLI:EU:C:1960:36.

[13]   Sin embargo, en la Opinión del Abogado General Lagrange en el Asunto *Comptoirs de Vente*, de 24 de mayo de 1960, se planteó por primera vez la posibilidad, que no se asumió en aquel momento, de emplear los derechos reconocidos en las constituciones nacionales como expresión de un «principio general de Derecho» susceptible de ser considerado por el Tribunal cuando fuera preciso al aplicar los Tratados.

[14]   Castillo Daudí, M., «La protección internacional de los derechos humanos en las Comunidades europeas y la Unión Europea», en *El papel de la jurisprudencia del TJCE en la armonización del Derecho Europeo*, Universitat de València, Valencia, 2005, p. 124.

[15]   Marinas Suárez, D., *El control iusfundamental de los actos legislativos de la Unión Europea*, Aranzadi, Cizur Menor, p. 63.

del Derecho Comunitario. Un concepto que no sólo no aparecía mencionado entre las reglas generales de los Tratados, sino que apenas se reflejaba en dos artículos del TCEE de manera tangencial y con un significado bastante distinto[16].

La Sentencia del Asunto *Stauder*[17], de noviembre de 1969, fija la fecha de comienzo de esta fase «proteccionista», citando por primera vez los «derechos fundamentales de la persona subyacentes en los principios generales del Derecho comunitario, cuyo respeto garantiza el Tribunal de Justicia» (Fundamento 7) como parámetro de validez de la actuación de las Comunidades Europeas. Desde este momento ya se puede observar cómo estos principios se conciben como elementos propios y autónomos del Derecho comunitario que se sumaban al contenido explícito de los Tratados, aunque no se precisara ni cuáles eran los derechos protegibles ni cómo se podía llegar a identificarlos[18]. Así, al marcar distancias con los sistemas constitucionales nacionales, el Tribunal mantenía las premisas de independencia y, sobre todo, supremacía del Ordenamiento europeo con relación a ellos; aunque fuera a costa de incorporar a los Tratados un contenido que, objetivamente, no se reflejaba en su texto. En cierto modo, estaba presuponiendo la voluntad de los firmantes al respecto gracias a una interpretación extensiva de la función que le atribuía el art. 164 TCEE como garante del respeto del Derecho en su interpretación y aplicación.

Al año siguiente, en el Asunto *Internationale Handelsgesellschaft*[19], matizaría que lo que es «parte integrante de los principios generales del Derecho» no son los derechos como tales sino la obligación de respetarlos (Fundamento 4), una tarea autónoma de los órganos comunitarios que «debe ser garantizada en el marco de la estructura y de los objetivos de la Comunidad» aunque se inspire en las «tradiciones constitucionales comunes a los Estados miembros», a través de las que el propio Tribunal determinaría los derechos que deben protegerse y su contenido. Adicionalmente, se negaba la competencia de los tribunales constitucionales para decidir sobre la aplicación de las normas europeas, pues considerar las constituciones como parámetro de enjuiciamiento aplicable al respecto llevaría a menoscabar la unidad y la eficacia del Derecho comunitario (Fundamento 3).

---

[16]   El art. 128 hablaba del deber del Consejo de establecer los principios generales para la ejecución de una política común de formación profesional. Y el art. 215, de los principios generales comunes a los Estados miembros como criterio definitorio de las reparaciones por responsabilidad extracontractual de la organización. Nada que ver en ninguno de los dos casos con derechos de los ciudadanos europeos.

[17]   Sentencia del Tribunal de Justicia de 12 de noviembre de 1969, *Erich Stauder c. Stadt Ulm – Sozialamt*, C-29/69, ECLI:EU:C:1969:57.

[18]   MUÑOZ MACHADO, S., «Los tres niveles de garantías de los Derechos Fundamentales en la Unión Europea: problemas de articulación», *Revista de Derecho Comunitario Europeo*, n. 50, 2015, p. 198.

[19]   Sentencia del Tribunal de Justicia de 17 de diciembre de 1970, *Internationale Handelsgesellschaft*, C-11/70, EU:C:1970:114.

Esta evidente amenaza a la competencia y posición de los tribunales constitucionales nacionales motivó que tanto el italiano (Sentencia *Frontini*, 1973) como el alemán (Sentencia *Solange*, 1974) reivindicaran una facultad última de supervisión, y eventual inaplicación, sobre toda medida comunitaria que pudiera resultar contraria a los derechos reconocidos en las constituciones nacionales, ya que estas ofrecían un nivel de protección superior al dispensado por el Tribunal de Justicia europeo[20]. Las evidentes posibilidades de debilitamiento del principio de primacía del Derecho comunitario llevaron a éste a intentar concretar el funcionamiento de su método de trabajo. En la Sentencia en el segundo Asunto *Nold*[21], de 1974 asimiló las tradiciones constitucionales comunes con los «derechos fundamentales reconocidos y garantizados por las Constituciones de dichos Estados», citando por primera vez los tratados internacionales de los que fueran parte los Estados miembros como elementos que podían «aportar indicaciones que conviene tener en cuenta en el marco del Derecho comunitario» (Fundamento 13). Y ya en 1979, con la Sentencia *Hauer*[22], se explicitó que la función integradora que cumplían las normas constitucionales e internacionales sobre derechos no las convertía en Derecho comunitario, pues tal cosa iría en contra de su unidad material y su eficacia (Fundamentos 14 a 16). Su naturaleza era la de referentes materiales de unos principios generales que constituían una fuente autónoma[23], y cuyo contenido sería definido por el propio Tribunal en cada caso, lo que le permitía mantener la separación entre niveles normativos al no reconocer como canon de validez de los actos de las instituciones europeas nada que no formara parte del Derecho comunitario, al tiempo que se sugería cierta unidad[24].

Entre medias, el Tribunal de Justicia no dudó en atacar directamente las resoluciones de los tribunales constitucionales italiano y alemán. En el Asunto *Sim-*

---

[20]　Muñoz Machado, S., *Supra*, p. 199.

[21]　Sentencia del Tribunal de Justicia de 14 de mayo de 1974, *Nold*, C-4/73, EU:C: 1974:51.

[22]　Sentencia del Tribunal de Justicia de 13 de diciembre de 1979, *Hauer*, C-44/79, EU: C:1979:290.

[23]　Castillo Daudí, M., «La protección internacional...», *op. cit.,* p. 125.

[24]　Esta solución recibió una acogida tibia por parte de los tribunales constitucionales implicados. El italiano reiteró su competencia para juzgar las normas nacionales de ejecución de los Tratados a partir de los principios fundamentales del Ordenamiento y los derechos fundamentales en la Sentencia *Granital*, de 1984; y aún en 1989 en la Sentencia *FRAGD*, donde, no obstante, se reconoce que el Ordenamiento comunitario prevé un sistema eficaz de protección de los derechos individuales como parte integrante y esencial del mismo. Por su parte, el Tribunal Constitucional alemán aceptó en 1986, con la Sentencia *Solange II*, que la intervención del Tribunal de Justicia de las Comunidades Europeas serviría de garantía suficiente para los derechos de los ciudadanos en aquello que tuviera que ver con el Derecho comunitario mientras las Comunidades mantuvieran un nivel de protección equivalente al de la Ley Fundamental de Bonn, y aunque no parecía probable una reducción del mismo, no dejó de reiterar en fallos posteriores la posible aplicación de límites constitucionales frente a la acción comunitaria.

menthal[25], declaró que los jueces nacionales no tenían opción de inaplicar o anular las normas comunitarias, pues estaban obligados a garantizar la plena eficacia de éstas e inaplicar aquellas del Ordenamiento nacional que fueran contrarias, sin más excepciones que las establecidas por el propio Derecho europeo.

Con este método de trabajo pretoriano, tal y como se definía, el Tribunal de Justicia se dotaba a sí mismo de una competencia muy invasiva y ajena a cualquier fiscalización, además de no exenta de problemas teóricos y prácticos. No sólo incorporaba a su arsenal argumental una materia tradicionalmente reservada a las normas nacionales, sino que podía determinar libremente qué derechos debía proteger y cuál sería su alcance en el contexto comunitario[26]. Porque, en el fondo, las tradiciones constitucionales comunes y los textos internacionales, pasados por su filtro, no constituían un parámetro certero de constitucionalidad, y esto en última instancia limitaba necesariamente el alcance de la tutela dispensada[27]. Y aunque en principio parecía marcar distancias con los sistemas nacionales, buscando su plena autonomía decisoria, a finales de los años 80 no dudó en proyectar el carácter vinculante de su doctrina sobre derechos fundamentales sobre cualquier operador nacional cuando implementara el Derecho comunitario[28], rompiendo esa teórica separación entre el sistema de protección comunitario y los estatales mediante la afirmación de cierto grado de autoridad jerárquica. Por otro lado, desde la Sentencia *Rutili*[29], de 1975, fue aumentando la relevancia de las referencias internacionales en las resoluciones del Tribunal; en particular al Convenio Europeo de Derechos Humanos y a la jurisprudencia del Tribunal de Estrasburgo, lo cual llevó también a plantearse, sin respuesta, cuál debía ser su relación con el Derecho comunitario en este entramado. En suma, se compuso una solución frágil con la que el Tribunal de Justicia asumió tareas propias de un tribunal constitucional[30], sin tener tal competencia ni estar configurado para llevar a cabo esa misión.

---

[25]   Sentencia del Tribunal de Justicia de 9 de marzo de 1978, *Amministrazione delle Finanze dello Stato c. SpA Simmenthal*, C-106/77, ECLI:EU:C:1978:49.

[26]   Millán Moro, «El Tribunal de Justicia...», *op. cit.,* p. 180.

[27]   Recchia, G., «Derechos fundamentales e integración europea: la jurisprudencia del Tribunal Constitucional italiano», *Revista de Estudios Políticos*, n. 75, 1992, p. 48.

[28]   Sentencias del Tribunal de Justicia (Sala Tercera) de 13 de julio de 1989, *Wachauf*, C-5/88, EU:C:1989:321; y Sentencia del Tribunal de Justicia de 18 de junio de 1991, *Elliniki Radiophonia Tiléorassi AE et Panellinia Omospondia Syllogon prossopilou c. Dimotiki Etairia Pliroforissis et Sotirios Kouvelas et Nicolaos Avdellas y otros* C-260/89, EU:C:1991:254.

[29]   Sentencia del Tribunal de Justicia de 28 de octubre de 1975, *Roland Rutili c. Ministre de l'intérieur*, C-36/75, ECLI:EU:C:1975:137.

[30]   Sarrión Esteve, J., *El Tribunal de Justicia de Luxemburgo como garante de los derechos fundamentales*, Dykinson, Madrid, 2013, p. 130.

El respaldo normativo a la línea doctrinal desarrollada por el Tribunal de Justicia se produjo cuando el Tratado de la Unión Europea la positivizó en su art. F.2, estableciendo que la Unión «respetará los derechos fundamentales tal y como se garantizan en el Convenio Europeo para la Protección de los Derechos Humanos y de las Libertades Fundamentales firmado en Roma el 4 de noviembre de 1950, tal y como resultan de las tradiciones constitucionales de los Estados miembros como principios generales del Derecho Comunitario». No obstante, ni esto ni la creación de la ciudadanía de la Unión, con sus derechos asociados, alteraron la base competencial comunitaria, ya que en ningún caso implicaba una transferencia a su favor de competencias directas para la protección de los derechos. Quizá por esto, las novedades en el marco jurídico no trajeron consigo grandes cambios en la línea doctrinal del Tribunal de Justicia, cuya jurisprudencia posterior a 1992 es esencialmente continuista respecto de la etapa previa, más allá de algunas innovaciones puntuales que ponían en evidencia su creciente seguridad en este ámbito. A este respecto, se puede destacar el campo particularmente fértil que el Tribunal encontró en la configuración del contenido y los límites de la ciudadanía europea[31]. O la doctrina desarrollada sobre el alcance de las libertades económicas, considerando las limitaciones que imponían al respecto los valores del Derecho comunitario a los que está ligado un determinado derecho fundamental, expresada a través de la idea del conflicto indirecto[32], que se inicia con la Sentencia *Familiapress*[33].

Con el Tratado de Ámsterdam, el Derecho originario reconocería al fin expresamente al Tribunal de Justicia la posibilidad de emplear los derechos fundamentales como parámetro para fiscalizar la actividad de las instituciones cuando existiera una competencia material que permitiera su intervención (art. 46.d TUE). Esto, unido a la redacción del nuevo art. 6.1 («La Unión se basa en los principios de libertad, democracia, respeto de los derechos humanos y de las libertades fundamentales y el Estado de Derecho, principios que son comunes a los Estados miembros»), y otras previsiones del Tratado, ya dejaba claro que el respeto y la promoción de los derechos era una obligación comunitaria[34], que pivotaba esencialmente en la actividad del Tribunal de Justicia. Ésta se vio aún más reforzada con la proclamación solemne de la Carta de los Derechos Fundamentales de la Unión Europea en Niza

---

[31]   *Vid.* Gordillo, L. y Martinico, G., *Historias del país de las hadas. La jurisprudencia constitucionalizante del Tribunal de Justicia*, Civitas, Cizur Menor, 2015, pp. 135 y s.

[32]   Sarrión Esteve, J., «Los conflictos entre libertades económicas y derechos fundamentales en la jurisprudencia del Tribunal de Justicia de la Unión Europea», *Revista de Derecho Político*, n. 81, 2011, p. 385.

[33]   Sentencia del Tribunal de Justicia de 26 de junio de 1997, *Vereinigte Familiapress Zeitungsverlags- und vertriebs GmbH c. Heinrich Bauer Verlag*, C-368/95, ECLI:EU:C:1997:325.

[34]   Muñoz Machado, S., «Los tres niveles...», *op. cit.,* p. 204.

en diciembre de 2000, dando comienzo a una nueva etapa jurisprudencial califica-da como de «activismo constitucional»[35], cuyas bases se irían componiendo para alcanzar su máximo apogeo tras el Tratado de Lisboa. Porque a pesar de carecer de valor jurídico en aquel momento, la Carta dotaba a la Unión de un catálogo escrito de derechos propio y autónomo respecto de cualquier otro Ordenamiento, en la que el Tribunal no dudó en apoyarse progresivamente.

Así, en el Asunto *Schmidberger* de 2002[36], se reconoce por primera vez la posibilidad de que exista un conflicto «directo» entre una libertad económica y ciertos derechos fundamentales, ponderándolos como tales. Y, a pesar de que en la argumentación permanece la idea de que son principios generales que extraen su contenido de la Constitución del Estado parte y del Convenio de Roma, el Tribunal parece querer dotar a ciertos derechos (libertades de expresión y de reunión en concreto) de un mayor protagonismo frente a las libertades económicas en aque-llas situaciones en las que se plantea una colisión con ellas[37]. Porque en este Fallo parece concebirse la existencia de dos niveles jerarquizados[38]: unos derechos cuya protección debía ser absoluta, y otros potencialmente limitables en función de las circunstancias del caso.

Habría que esperar hasta 2006 para que el Tribunal invocara de manera directa preceptos de la Carta como parte de la motivación de una sentencia, al resolver sobre la posible nulidad de una Directiva[39], aunque no de manera exclusiva y con escasa trascendencia en el sentido de la resolución. Sin embargo, en los Asuntos *Viking* y *Laval*, ambos de 2007[40], la Carta sí se emplearía como base jurídica, sólo que para hacer valer los límites de su art. 28 sobre el derecho a adoptar medidas de conflicto colectivo, y así justificar su restricción como forma de asegurar la primacía del Or-denamiento comunitario sobre las normas estatales. Estos Fallos ya dejaron entrever que la protección de la vigencia de este principio podría operar como fundamento legítimo para limitar los derechos. Por tanto, su positivización en la Carta (de modo no vinculante) no derivó en una priorización absoluta de los mismos en los juicios

---

[35]   CARTABIA, M., «La Unión Europea…», *op. cit.,* p. 90.
[36]   Sentencia del Tribunal de Justicia de 11 de julio de 2002, *Eugen Schmidberger Internationale Transporte Planzüge c. República de Austria*, C-112/00, ECLI:EU:C:2003:333.
[37]   SARRIÓN ESTEVE, J., «Los conflictos…», *op. cit.,* p. 394.
[38]   GORDILLO, L. y MARTINICO, G., *Historias del país…, op. cit.,* p. 224.
[39]   Sentencia del Tribunal de Justicia (Gran Sala) de 27 de junio de 2006, *Parlamento Europeo c. Consejo de la Unión Europea*, C-540/03, ECLI:EU:C:2006:429.
[40]   Sentencia del Tribunal de Justicia (Gran Sala) de 11 de diciembre de 2007, *International Transport Workers' Federation yt Finnish Seamen's Union c. Viking Line ABP y OÜ Viking Line Eesti*, C-438/05, ECLI:EU:C:2007:772; y Sentencia del Tribunal de Justicia (Gran Sala) de 18 de diciembre de 2007, *Laval un Partneri Ltd c. Svenska Byggnadsarbetareförbundet, Svenska Byggnadsarbetare-förbundets avdelning 1, Byggettan y Svenska Elektrikerförbunde*, C-341/05, ECLI:EU:C:2007:809.

de ponderación al entrar en colisión con otros principios u objetivos del Derecho comunitario. En todo caso, hay que considerar que las decisiones del Tribunal siguen estando muy condicionadas por las circunstancias de cada caso concreto, lo que hace difícil encontrar líneas doctrinales sólidas.

El mejor ejemplo de esto es el Asunto *Kadi* de 2008[41], donde lo que parece afirmarse es, precisamente, el carácter privilegiado de los derechos fundamentales como elementos materiales que deben ser respetados al máximo nivel en el Derecho comunitario. Esta Sentencia apunta la competencia de la jurisdicción comunitaria para controlar «la legalidad de todos los actos comunitarios desde el punto de vista de los derechos fundamentales que forman parte integrante de los principios generales del Derecho comunitario» (par. 326) en la medida en que su respeto constituye un requisito de legalidad de la acción del legislador europeo con independencia del objeto de su acción. Se explicita al fin que los derechos fundamentales son criterios de validez del Derecho derivado en sí mismos y no como elementos accesorios de las reglas de competencia material, y que el Tribunal al emplearlos está realizando «una garantía constitucional derivada del Tratado CE como sistema jurídico autónomo» irrenunciable en una comunidad de Derecho (par. 316). Con esto, el Tribunal parecía anticipar sus posibilidades de actuación con la nueva condición que adquiriría la Carta tras el Tratado de Lisboa, entonces ya aprobado pero aún no vigente, concibiendo el Ordenamiento de la Unión como un sistema cuya autonomía aparece asociada a la identificación de un núcleo constitucional, superior incluso a la letra de los Tratados, y cuya vulneración justificaría su intervención incluso en casos en los que su competencia es cuestionable[42].

Esta perspectiva, que parece profundizar en lo que se expuso en la Sentencia *Schmidberger*, llevaría razonablemente a pensar que el Tribunal de Justicia tomó la decisión de erigir la protección de todos los derechos como una prioridad absoluta en su actividad, sin perjuicio de que su eventual limitación pudiera ser ponderada caso por caso. Pero a la vista de la evolución posterior de la jurisprudencia, nos podríamos plantear si entonces, estos no se emplearon más bien como un elemento

---

[41]   Sentencia del Tribunal de Justicia (Gran Sala) de 3 de septiembre de 2008, *Yassin Abdullah Kadi y Al Barakaat International Foundation c. Consejo de la Unión Europea y Comisión de las Comunidades Europeas*, asuntos acumulados C-402/05 P y C-415/05 P, ECLI:EU:C:2008:461. Esta doctrina fue reiterada y confirmada en las sucesivas Sentencias que resuelven los recursos posteriores que se suscitaron en este procedimiento: la del Tribunal General, Sala Séptima, Asunto T-85/09, *Yassin Abdullah Kadi c. Comisión Europea y otros*, de 30 de septiembre de 2010; y la del Tribunal de Justicia (Gran Sala) de 18 de julio de 2013, *Comisión Europea y Consejo de la Unión Europea c. Yassin Abdullah Kadi y República Francesa* (Kadi II), asuntos acumulados C-584/10 P, C-593/10 P y C-595/10 P, ECLI:EU:C:2013:518.

[42]   GORDILLO, L. y MARTINICO, G., *Historias del país...*, *op. cit.*, p. 222.

instrumental para defender la autonomía del Derecho comunitario frente a determinadas normas internacionales. Es decir, como excusas defensivas frente a injerencias externas que, sin embargo, cuando entran en conflicto con principios internos propios del Ordenamiento de la Unión (autonomía y primacía frente a las disposiciones nacionales) no tienen una posición de superioridad tan clara.

3. **La evolución de la doctrina del Tribunal de Justicia tras el Tratado de Lisboa**

La entrada en vigor del Tratado de Lisboa implicó importantes modificaciones en la posición jurídica de los derechos fundamentales dentro del Ordenamiento comunitario, convirtiéndolos en un elemento central de la acción y las políticas de la Unión, aunque en unos términos un tanto diferentes a los propios de un sistema constitucional acabado. Junto con la consideración de la Carta al mismo nivel jurídico que los Tratados (art. 6.1 TUE), aunque siga sin llevar aparejada una ampliación competencial, se mantiene la codificación de la doctrina del Tribunal de Justicia sobre los principios generales del Derecho comunitario (art. 6.3). Sólo que ahora se concibe de un modo un poco más restringido[43], al limitar la mención a los derechos recogidos en el Convenio de Roma y los procedentes de las tradiciones constitucionales comunes a los Estados miembros (y sólo esos, obviando otros posibles instrumentos internacionales). De esta manera se despejan las posibles dudas sobre cuál es la pauta que se debe seguir al interpretar el contenido de la Carta. Pero, al mismo tiempo, se consolida el método de trabajo del Tribunal de Justicia. Y con él, su amplio margen de actuación no sólo sobre derechos que cumplan funciones de tipo operativo para las competencias comunitarias, sino también sobre cualesquiera otros, lo que sumado a la interpretación mutativa del Derecho originario que ha realizado en algunas ocasiones, acaba por relativizar los límites que los principios de atribución y subsidiariedad y el deber de respetar la identidad nacional de los Estados imponen sobre el marco material de la Unión.

Así, una vez legitimado y blindado en los Tratados su método de trabajo, el Tribunal de Justicia ha adquirido de manera indirecta un poder inusitado como actor constitucionalizante en el sistema comunitario, que va mucho más allá de la tarea de vigilante de la aplicación de la Carta que le atribuye el art. 263 TFUE[44]. Y al no contar con un procedimiento específico que permita a los particulares denunciar ante él la lesión de un derecho fundamental ocasionada por una acción o norma

---

[43]   Craig, P. y De Búrca, G., *EU Law. Texts, cases and materials*, 5.ª Ed., Oxford University Press, Nueva York, 2011, p. 385.

[44]   Martínez Ruano, P., «La protección de los derechos fundamentales en la Unión Europea», en *Derecho comunitario y procedimiento tributario*, Atelier, Barcelona, 2010, p. 63.

comunitaria, será en el marco de los procedimientos comunes, y en ocasiones incluso de manera incidental, donde el Tribunal de Justicia haga uso de la Carta como parámetro de validez en su tarea como intérprete o legislador negativo sobre las normas de Derecho derivado que de algún modo los afecten. Pero más que como un catálogo de límites materiales a la actuación del Legislador comunitario, que quizá sea su ámbito de aplicación más obvio, el Tribunal de Justicia la ha aprovechado para reorientar su test de proporcionalidad al aplicarlo a las normas y las medidas adoptadas por las instituciones europeas o nacionales cuando desarrollan, precisamente, esas competencias materiales que entrañan realmente la regulación de derechos fundamentales. El resultado se ha traducido en una ingente cantidad de Sentencias en las que se han ido concretando los contornos de los derechos presentes en los distintos instrumentos de Derecho derivado, aunque esto no ha llevado ni a abandonar el método de análisis esencialmente casuístico ni a dotar de mayor consistencia a la jurisprudencia[45].

En cuanto a las sentencias concretas, el Asunto *Schecke*[46], resuelto en 2010 nada más entrar en vigor la Carta, es un buen ejemplo de cómo operaría el control de validez de las normas a partir de los derechos consagrados en ella. Allí, el Tribunal anuló dos previsiones de los Reglamentos 1290/2005 y 259/2008 por no ponderarse «equilibradamente, por un lado, el interés de la Unión en garantizar la transparencia de su actuación y la utilización óptima de los fondos públicos y, por otro, los derechos fundamentales consagrados en los artículos 7 y 8 de la Carta» (par. 80). En la misma línea podríamos situar la Sentencia *Digital Right Ireland*[47], donde por primera vez el anuló una Directiva completa, la 2006/24/CE, sobre conservación de datos, por entender que el Legislador comunitario sobrepasó los límites que exige el principio de proporcionalidad cuando se regulan derechos fundamentales, ya que sus disposiciones provocaban una injerencia de gran magnitud, especialmente grave y no proporcionada sobre los derechos de los arts. 7 y 8 de la Carta que, además, no quedaba regulada de manera precisa por disposiciones que permitieran garantizar que se limita efectivamente a lo estrictamente necesario.

---

[45] SARRIÓN ESTEVE, J., «Los conflictos…», *op. cit.,* p. 409.

[46] Sentencia del Tribunal de Justicia (Gran Sala) de 9 de noviembre de 2010, *Volker und Markus Schecke GbR y Hartmut Eifert c. Land Hessen*, asuntos acumulados C-92 y 93/09, ECLI:EU:C:2010:662

[47] Sentencia del Tribunal de Justicia (Gran Sala) de 8 de abril de 2014, *Digital Rights Ireland Ltd c. Minister for Communications, Marine and Natural Resources y otros y Kärntner Landesregierung y otros*, asuntos acumulados C-293/12 y C-594/12, ECLI:EU:T:2014:439.

La misma idea subyace en el Asunto *Google Spain*[48], donde el Tribunal estableció que esos mismos derechos «prevalecen, en principio», sobre los intereses económicos de la empresa implicada, pero también sobre el derecho de acceso a la información de la población, salvo que existan razones concretas que justifiquen la injerencia, como el carácter público del sujeto titular de los datos (par. 99). Sin embargo, en este caso la validez de la entonces vigente Directiva 95/46/CE sobre protección de datos se salvó en cuanto a su compatibilidad con los arts. 7 y 8 de la Carta a través de una interpretación adaptativa que, llevada hasta sus últimas consecuencias, se tradujo en la creación de un nuevo derecho, el «derecho al olvido» con relación a la información digital. Aquí la actuación constitucionalizante del Tribunal de Justicia se aprecia en su máxima expresión. En primer lugar, porque el establece un criterio general vinculante de ponderación de unos derechos específicos que difiere de la pauta general seguida por los tribunales constitucionales de la mayoría de los Estados miembros al respecto, que negaban la preeminencia general de unos derechos sobre otros y resolvían esta clase de cuestiones considerando las circunstancias de cada caso[49]. Y en segundo término, y más importante si cabe, porque inventa una garantía vinculante para la Unión y para los Estados, del máximo nivel dogmático, que no existía ni en los Tratados, tampoco en la Carta, ni en el Derecho derivado, pero que a partir de esta Sentencia se reconoce con plena vigencia en el Ordenamiento europeo[50]. Además, con el añadido de que, tratándose de Derecho comunitario, sólo al propio Tribunal le corresponde componer su alcance, lo que le abre la puerta para poder determinar los límites de cualquier otro derecho con el que entre en conflicto, como el derecho a la información del art. 11 de la Carta[51].

El valor que el Tribunal de Justicia ha concedido a la Carta le ha llevado a emplearla incluso como canon de validez de actos de las instituciones de la Unión que se encuentran formalmente fuera del marco jurídico comunitario, como son los propios del mecanismo europeo de estabilización financiera. En la Sentencia

---

[48]   Sentencia del Tribunal de Justicia (Gran Sala) de 13 de mayo de 2014, *Google Spain SL y Google Inc. c. Agencia Española de Protección de Datos (AEPD) y Mario Costeja González*, C-131/12, ECLI:EU:C:2014:317.

[49]   AZURMENDI, A., «Por un "derecho al olvido" para los europeos: aportaciones jurisprudenciales de la Sentencia del TJUE del caso Google Spain y su recepción por la Sentencia de la Audiencia Nacional de 29.12.2014», *Revista de Derecho Político*, n. 92, 2015, p. 289.

[50]   BOIX PALOP, A., «El equilibrio entre los derechos del artículo 18 de la Constitución, el "Derecho al olvido" y las libertades informativas tras la sentencia Google», *Revista General de Derecho Administrativo*, n. 38, 2015, p. 17.

[51]   *Vid.* Sentencia del Tribunal de Justicia (Gran Sala) de 24 de septiembre de 2019, *GC, AF, BH y ED c. Commission nationale de l'informatique et des libertés (CNIL)*, C-136/17, ECLI:EU:C:2019:773.

del Asunto *Ledra Advertising*[52], de 2016, se defendió la necesidad de que estas medidas también fueran compatibles con los derechos consagrados en aquella, ya que su aplicación corresponde a la Comisión que, como órgano comunitario, debe respetar siempre el contenido de la Carta en su actuación (par. 67). Sin embargo, la aplicación del test de proporcionalidad a este supuesto llevó a considerar adecuada la restricción operada sobre el derecho de propiedad al servir para cumplir un objetivo de interés general, como es asegurar la estabilidad del sistema bancario de la Eurozona.

Estas Sentencias vendrían a mostrar lo que parece una toma de postura clara a favor de la defensa de los derechos de los ciudadanos por parte del Tribunal de Justicia, tanto frente a las instituciones como a los operadores del mercado común, sobre los que realizaría una vigilancia intensa en este sentido. No obstante, no deja de estar exenta de cierta autoafirmación de competencia y autoridad sobre las jurisdicciones nacionales en una materia sobre la que su intervención es problemática, aunque responda, de manera formal, a la posición en la que los Tratados colocan a la Carta. Por mucho que ahora exista una base normativa, la creciente e invasiva intervención del Tribunal de justicia sobre la configuración de los derechos fundamentales implica necesariamente una redefinición de la relación entre el sistema jurídico comunitario y los nacionales, que se mueve en un marco de límites poco claros y múltiples contradicciones. Ciertamente, esto presenta una buena ocasión para articular un modelo de cooperación entre jurisdicciones que construya un auténtico sistema multinivel de protección de los derechos, si es que tal cosa es verdaderamente necesaria. Pero por otro lado, existe una gran conflictividad en potencia, al enfrentar ya sin disimulo el principio de primacía con los elementos esenciales de las constituciones de los Estados miembros, sin que resulte claro cuál es el espacio exclusivo de cada ámbito; o la posible virtualidad de los contralímites que puedan plantear las jurisdicciones nacionales ante lo que puedan considerar un exceso competencial de la Unión Europea[53].

Mientras que la protección dispensada en el nivel comunitario sea igual o mejor que la otorgada por las normas y las jurisdicciones nacionales, o la del Tribunal Europeo de Derechos Humanos, la situación se mantendrá en equilibrio al no existir contradicciones entre las resoluciones de los distintos ámbitos que deriven en un

---

[52] Sentencia del Tribunal de Justicia (Gran Sala) de 20 de septiembre de 2016, *Ledra Advertising Ltd y Otros c. Comisión Europea y Banco Central Europeo*, Asuntos acumulados C-8/15 P a C-10/15 P, ECLI:EU:C:2016:701

[53] *Vid.* FAGGIANI, V., «El diálogo jurisdiccional tras la sentencia del TJUE M.A.S. y M.B.: entre estándar europeo de protección y tendencias centrípetas», *Revista de Derecho Comunitario Europeo*, n. 60, 2018, pp. 669 y s.

conflicto. Pero para ello, es necesario que el Tribunal de Justicia tenga algo más que la competencia para definir el alcance de los derechos de la Carta. Es preciso que asuma la mentalidad propia de un tribunal constitucional, entendiendo que, sin perjuicio del resultado de las ponderaciones que se puedan realizar en cada caso concreto, la protección de los derechos es una finalidad prioritaria del sistema democrático que, se supone, es la Unión Europea. Y como tal, debe operar como un auténtico límite para las normas y la acción del poder, que únicamente puede ceder en circunstancias muy excepcionales. Básicamente para proteger otro derecho o interés superior que entre en conflicto, asumiendo que no todo principio jurídico entra en esta categoría. Algo que no debería ser un problema con la actual configuración del sistema jurídico de la Unión, donde los derechos están recogidos en una norma situada al mismo nivel que los Tratados y, por tanto, es jerárquicamente superior a cualquier disposición de Derecho derivado.

Por el contrario, si el Tribunal de Justicia decide, como intérprete, que la protección que dispensa a un determinado derecho debe ser más reducida que la que vienen considerando los Ordenamientos nacionales, y ese estándar pretende imponerse a estos en nombre de la simple eficacia de la norma comunitaria, se produce una situación delicada. Porque el refuerzo y la extensión material del principio de primacía en este ámbito va a chocar frontalmente con el de respeto de las identidades nacionales al afectar a un elemento tan nuclear de los sistemas constitucionales de los Estados miembros como es la garantía de los derechos de los ciudadanos. A pesar de ello, es por lo que parece haber optado el Tribunal si se hace una lectura conjunta de ciertas sentencias recientes, donde ha llevado a sus últimas (y posiblemente contradictorias) consecuencias la doctrina de la *incorporation*, de manera que se pueden plantear dudas razonales sobre cuáles son sus auténticas prioridades.

Las primeras resoluciones relevantes a este respecto vinieron en 2013 con los Asuntos *Melloni* y *Åkerberg Fransson*[54]. En la primera, el Tribunal de Justicia realiza una reinterpretación del art. 53 de la Carta que podría calificarse cuanto menos de forzada: concluyó que los estándares nacionales de protección sólo podrán invocarse frente a la aplicación de un acto comunitario mientras no afecten «al nivel de protección previsto por la Carta, según su interpretación por el Tribunal de Justicia, ni a la primacía, la unidad y la efectividad del Derecho de la Unión» (par. 60).

No obstante, y a pesar de ser menos célebre, la Sentencia *Åkerberg Fransson* expone de manera aún más clara esta doctrina: «cuando un órgano jurisdiccional de un Estado miembro deba controlar la conformidad con los derechos fundamentales

---

[54] Sentencias del Tribunal de Justicia (Gran Sala), de 26 de febrero de 2013, *Stefano Melloni*, C-399/11, EU:C:2013:107, y de 26 de febrero de 2013, *Åklagaren c. Åkerberg Fransson*, C-617/10, EU:C:2013:105.

de una disposición o de una medida nacional por la que se aplica el Derecho de la Unión (...) en una situación en la que la acción de los Estados miembros no esté totalmente determinada por el Derecho de la Unión, las autoridades y tribunales nacionales siguen estando facultados para aplicar estándares nacionales de protección de los derechos fundamentales, siempre que esa aplicación no afecte al nivel de protección previsto por la Carta, según su interpretación por el Tribunal de Justicia, ni a la primacía, la unidad y la efectividad del Derecho de la Unión» (par. 29).

Este planteamiento lleva a entender que el Tribunal de Justicia es la única autoridad para definir el contenido y alcance de todo derecho que se haya incorporado a la Carta, negando cualquier posibilidad de diálogo constructivo con los tribunales constitucionales nacionales. Pero también, y esto es lo verdaderamente preocupante, que un derecho no puede protegerse a nivel nacional si eso implica reducir la efectividad de una norma comunitaria, un principio que el propio Tribunal de Justicia tendrá en cuenta al determinar el alcance de los derechos cuando los interprete. Así, los estándares nacionales quedan por debajo de toda disposición del Derecho de la Unión, incluso si son de rango constitucional y con independencia de sus efectos, sin que importe si la cuestión objeto de litigio entra materialmente o no en el ámbito de actuación comunitario. Esta premisa, unida al deber de interpretación conforme al que están sujetos los jueces nacionales en relación al Ordenamiento de la Unión[55], convierte de facto a la jurisprudencia del Tribunal de Justicia en el parámetro interpretativo vinculante para los operadores estatales de aquellos derechos en los que las normas europeas han incidido de algún modo, desplazando a la norma nacional y a la interpretación de ésta en favor de la comunitaria, sea cual sea el contenido o las consecuencias que se deriven de una u otra.

En otras palabras, como intérprete máximo de la Carta, el Tribunal de Justicia se estaría colocando como autoridad superior en materia de derechos fundamentales por encima de los tribunales nacionales, también los constitucionales, en todos aquellos casos en los que tenga competencia para actuar. Esto supone no sólo plantear una situación de jerarquía absoluta con unos tribunales constitucionales que perderían completamente su autonomía de actuación, sino también ampliar, nuevamente por la vía pretoriana, la soberanía de la Unión por encima de la voluntad de los Estados.

Además, la primacía y la eficacia del Derecho comunitario quedaban definidas sin tapujos como valores absolutos, frente a los que los derechos de los ciudadanos

---

[55] En particular a las Directivas a efectos de su trasposición. *Vid.* Sentencias del Tribunal de Justicia de 10 de abril de 1984, *Von Colson y Elisabeth Kamann c. Land Nordrhein-Westfalen*, C-14/83, ECLI:EU:C:1984:153, y de 13 de noviembre de 1990, *Marleasing SA c. La Comercial Internacional de Alimentacion SA.*, C-106/89, EU:C:1990:395.

resultan subordinados, ya que su garantía parece ceder ante el cumplimiento de las finalidades de la Unión, también las económicas, algo incompatible con la idea de la Europa de los derechos[56]. Una toma de posición así bien podría llevar a reconsiderar la motivación real de toda la jurisprudencia del Tribunal de Justicia en la materia desde *Stauder*.

Los términos del conflicto tomaron forma clara en 2015 con la Sentencia *Taricco*[57], que trajo al primer plano nuevamente la cuestión de los contralímites nacionales ante la acción de las instituciones comunitarias[58]. Llevando a la práctica la doctrina de *Melloni* y *Åkerberg Fransson*, y asumiendo su plena competencia para actuar con independencia de la materia objeto de litigio[59], el Tribunal de Justicia entendió que las obligaciones impuestas por el Derecho comunitario a los Estados deben cumplirse también en el caso de entrar en conflicto con garantías iusfundamentales recogidas en las normas nacionales. Con ese fin, interpretó el contenido del art. 49 de la Carta de manera que se asegurara el cumplimiento de la obligación que imponía la norma europea aunque eso supusiera reducirlo respecto del estándar nacional. Y ello a pesar de afirmar al mismo tiempo que «si el órgano jurisdiccional nacional decide dejar sin aplicación» una norma nacional como consecuencia de su incompatibilidad con el Derecho comunitario, «habrá de velar igualmente por que se respeten los derechos fundamentales de las personas afectada» (par. 53).

No obstante, esta línea doctrinal fue aparentemente corregida en la Sentencia *M.A.S. y M.B.* (comúnmente denominada *Taricco II*)[60], al señalar que si una obligación emanada de una norma europea vulnera el principio de legalidad penal, el juez «no debería cumplir dicha obligación y ello aunque su respeto permitiera subsanar una situación nacional opuesta al Derecho de la Unión» (par. 61), sin perjuicio de que sea responsabilidad del Legislador nacional adaptar las normas nacionales a las exigencias comunitarias (par. 41). Se reconoce así que una determinada garantía constitucional puede servir como justificación legítima para no cumplir una norma europea, al constituir un principio que debe ser respetado por

---

[56]   García Ortiz, A., «Diálogo y conflicto entre tribunales a propósito de los derechos fundamentales en la Unión Europea. Novedades con ocasión de la saga Taricco», *Revista de Derecho Constitucional Europeo*, n. 30, 2018, pp. 139-140.

[57]   Sentencia del Tribunal de Justicia (Gran Sala) de 8 de septiembre de 2015, *Ivo Taricco y otros*, C-105/14, ECLI:EU:C:2015:555

[58]   *Vid.* Torre, F., «Taricco iactum est ovvero l'incidenza della Saga Taricco nel processo costituente europeo», *Dirittifondamentali.it*, n.1/2019, 2019, pp. 8 y s.

[59]   Ugartemedia Eceizabarrena, J. I., «La saga Taricco. Últimas instantáneas jurisdiccionales sobre la pugna acerca de los Derechos Fundamentales en la Unión Europea», *Revista General de Derecho Constitucional*, n. 27, 2018.

[60]   Sentencia del Tribunal de Justicia (Gran Sala) de 5 de diciembre de 2017, *M.A.S. y M.B*, C-42/17, EU:C:2017:936.

el Estado en cuestión también al llevar a la práctica las obligaciones comunitarias. Entonces, el estándar nacional sería aplicable frente al comunitario cuando no exista en el Ordenamiento europeo un nivel de protección homogéneo en la materia y no se perjudique con ello su primacía, unidad o efectividad[61]. Pero por otro lado, no se explicita si el factor relevante para ello es el reconocimiento de dicha garantía a nivel constitucional o el hecho de que se trata de un derecho presente también en la Carta (art. 49)[62]. Y a la vista de la ambigüedad de la postura del Tribunal, que en el fondo parece estar reinterpretando el principio implicado en clave europea como parte del acervo comunitario, se puede pensar razonablemente que la doctrina *Taricco* no ha sido realmente revocada[63]. Por tanto, la relajación del principio de eficacia del Derecho comunitario en nombre de un derecho sólo sería posible cuando éste figure en la Carta y el Tribunal considere que la facultad o dimensión concreta que queda comprometida reviste entidad suficiente, conforme a su propio criterio, para prevalecer.

Esto aparece expresamente en sentencias posteriores en las que se establece que «una medida nacional que pueda obstaculizar el ejercicio de la libre circulación de las personas solo puede justificarse si es conforme con los derechos fundamentales garantizados por la Carta, cuyo respeto garantiza el Tribunal de Justicia»[64]. En ningún caso se mencionan los derechos o principios reconocidos en las constituciones nacionales como posible fundamento para incumplir la obligación comunitaria, aunque también es cierto que se trata de casos en los que ésta sirve en sí misma para satisfacer un derecho. Sin embargo, en otras situaciones sí parece contemplarse la posibilidad de que los Estados establezcan una limitación a un derecho contemplado en la Carta, sólo que ésta siempre podrá ser evaluada en última instancia por la jurisdicción comunitaria «sopesando la gravedad de la injerencia que supone esa limitación y comprobando que la importancia del objetivo de interés general perseguido por dicha limitación guarde relación con tal gravedad»[65]. En todo caso, parece que la flexibilidad del Tribunal a este respecto es variable en función del derecho concreto del que se trate.

---

[61]   García Ortiz, A., *Supra*, p. 152.

[62]   Ugartemedia Eceizabarrena, J. I., *Supra*.

[63]   Faggiani, V., «El diálogo jurisdiccional…», *op. cit.,* p. 671.

[64]   Por ejemplo, SSTJUE, Asunto C-673/16, *Relu Adrian Coman y otros c. Inspectoratul General pentru Imigrări y Ministerul Afacerilor Interne*, de 5 de junio de 2018, par. 47; o Asunto C-490/20, *V.M.A. c. Stolichna obshtina, rayon «Pancharevo»*, de 14 de diciembre de 2021, par. 58.

[65]   STJUE, Asunto C-817/19, *Ligue des droits humains c. Conseil des ministres*, de 21 de junio de 2022, par. 282.

4. LA POSTURA DEL TRIBUNAL DE JUSTICA ANTE LA ADHESIÓN DE LA UNIÓN EUROPEA AL CONVENIO EUROPEO DE DERECHOS HUMANOS

La idea de vincularse de algún modo al Convenio Europeo de Derechos Humanos o, al menos, integrar los derechos que reconoce en el Ordenamiento comunitario con efecto vinculante se planteó por primera vez en el seno de las Comunidades Europeas a finales de los años 70[66]. En paralelo al desarrollo del modelo «pretoriano» de protección jurisdiccional, y ante la imposibilidad de incorporar al Derecho originario este tipo de contenido dadas las limitaciones del modelo de integración en aquel momento, el Parlamento fue el primero en plantear la posibilidad de promover una reforma de los Tratados constitutivos que incorporase a los mismos tanto el Convenio de Roma como otros textos internacionales en materia de derechos humanos. Todo para asegurar la igualdad al respecto de los ciudadanos europeos, si bien al mismo tiempo se reconocía que la intervención del Tribunal de Justicia resultaba suficiente para garantizar la uniformidad en la aplicación de los derechos civiles y políticos[67]. Poco después, la Cámara declararía su postura favorable a la adhesión directa de las Comunidades Europeas al Convenio Europeo de Derechos Humanos, invitando al Consejo y la Comisión a realizar los preparativos al respecto de manera inmediata[68], si bien no exponía ni sugería mínimamente la base jurídica para poder hacerla efectiva.

En cualquier caso, se trató de iniciativas que en su momento no tuvieron ninguna trascendencia especial, y que realmente exploraban una vía alternativa a la elaboración de una declaración de derechos propia de las Comunidades Europeas[69], que era vista como una medida excesivamente invasiva por parte de los Estados. La cuestión no se retomaría hasta después de que el Acta Única Europea explicitara por primera vez, aunque fuera como una declaración de intenciones, el compromiso de las Comunidades Europeas con el respeto de los derechos humanos. En este sentido

---

[66] Aunque estrictamente hablando, el proyecto de Tratado de la Comunidad Política Europea de 1953 ya hablaba en su art. 3 de incorporar como contenido del texto la declaración de derechos del Título I del Convenio de Roma y las disposiciones del Protocolo Adicional firmado en 1952.

[67] «Resolución sobre la garantía de derechos especiales para ser ciudadanos de la Comunidad Europea al implementar la decisión de la Cumbre de París de diciembre de 1974» de 16 de noviembre de 1977 (DOCE n. C-299, de 12 de diciembre de 1977, pp. 26-27).

[68] «Resolución sobre la adhesión de la Comunidad Europea al Convenio Europeo de Derechos Humanos» de 27 de abril de 1979 (DOCE n. C-127, de 21 de mayo de 1979, pp. 69-70). En el mismo sentido se expresa un memorándum elaborado por la Comisión en abril de 1979.

[69] CORCUERA ATIENZA, J., «El reconocimiento de los Derechos Fundamentales en la Unión Europea: el final del túnel», en *La protección de los derechos fundamentales en la Unión Europea*, Dykinson, Madrid, 2002, p. 80.

se manifiestan una Comunicación de 1990 de la Comisión[70], y una Resolución del Parlamento Europeo de 1994[71]. En esta última se reiteró la necesidad de la adhesión al Convenio Europeo de Derechos Humanos a pesar de reconocer la existencia de múltiples dificultades jurídicas, políticas e institucionales, formalizando un modelo que, más allá de un simple sistema de cooperación entre órganos jurisdiccionales, atribuyera el control del respeto de las disposiciones del Convenio de Roma al aplicar las normas comunitarias al Tribunal de Justicia; pero también que, como contrapartida y «dentro de una lógica de inspiración federal», sometiera a éste al Tribunal de Estrasburgo del mismo modo que lo están los órganos jurisdiccionales supremos nacionales.

Como resultado de estos últimos trabajos, en 1994, y siguiendo el procedimiento del entonces art. 228.6 TCE, el Consejo elevó al Tribunal de Justicia una solicitud de dictamen sobre la compatibilidad con el Tratado de una posible adhesión de la Unión Europea al Convenio de Roma. Todo ello planteado en abstracto, sin que existiera siquiera un proyecto de acuerdo, y entendiendo que no era posible «adoptar una decisión de principio sobre la apertura de negociaciones antes de que el Tribunal de Justicia haya examinado si la adhesión que se proyecta es compatible con el Tratado». De hecho, la propia solicitud de dictamen reconocía la existencia de problemas y cuestiones abiertas en la adhesión, que implicarían modificaciones y adaptaciones en las normas de ambas organizaciones, así como la ausencia de un «poder de acción específico en materia de derechos humanos» de la Comunidad Europea, si bien su protección era «el resultado de un principio horizontal que es parte integrante» de sus objetivos. Para salvar esta circunstancia, el Consejo defendía la posibilidad de que el art. 235 TCE pudiera servir de anclaje jurídico para la adhesión[72].

En respuesta a esta solicitud, el Tribunal de Justicia emitió el Dictamen 2/94, de 28 de marzo de 1996, rechazando tajantemente la posibilidad de que la Unión pudiera vincularse como tal al Convenio Europeo de Derechos Humanos. Y la razón era que carecía de competencia para ello en los términos del marco jurídico vigente en aquel momento. Sin desconocer el «significado particular» del Convenio de Roma en su tarea de garante de los derechos fundamentales como principios del

---

[70]   Comunicación de la Comisión de 19 de noviembre de 1990, sobre la adhesión de la Comunidad al Convenio Europeo para la Protección de los Derechos Humanos y de las Libertades Fundamentales (Documento SEC(90)2087 final).

[71]   «Resolución sobre la adhesión de la Comunidad al Convenio europeo de Derechos Humanos» de 18 de enero de 1994 (DOUE n. C-44, de 14 de febrero de 1994), pp. 32-34.

[72]   «Cuando una acción de la Comunidad resulte necesaria para lograr, en el funcionamiento del mercado común, uno de los objetivos de la Comunidad, sin que el presente Tratado haya previsto los poderes de acción necesarios al respecto, el Consejo, por unanimidad, a propuesta de la Comisión y previa consulta al Parlamento Europeo, adoptará las disposiciones pertinentes»

Derecho comunitario, e incluso que «el respeto de los derechos humanos constituye un requisito para la legalidad de los actos comunitarios» (Fundamento 34), el Tribunal de Justicia consideró determinante la ausencia de una disposición expresa en los Tratados que permitiera a la Unión adoptar normas o celebrar convenios en esta materia. Concluyó también que el recurso al art. 235 TCE supondría un fraude de ley, en la medida en que se estaría operando una modificación competencial, y por tanto una alteración de los términos del Derecho originario, sin respetar el procedimiento de reforma expresamente previsto (Fundamento 30). Todo ello, en definitiva, porque la firma del Convenio «implicaría la inserción de la Comunidad en un sistema institucional internacional distinto y la integración de la totalidad de las disposiciones del Convenio en el ordenamiento jurídico comunitario», y «una modificación semejante del régimen de protección de los derechos humanos en la Comunidad, cuyas implicaciones institucionales serían asimismo fundamentales tanto para la Comunidad como para los Estados miembros, tendría una envergadura constitucional» (Fundamentos 34 y 35).

Con este pronunciamiento, el Tribunal abocaba forzosamente a la revisión de los Tratados si se quería formalizar cualquier vinculación de la Unión Europea con el Convenio de Roma[73]. La dificultad de esto llevaba a mantener el estado de las cosas tal y como estaban. O, dicho de otro modo, a preservar el monopolio del Tribunal como última instancia jurisdiccional en todos los aspectos del Derecho comunitario, al tiempo que mostraba una clara desconfianza hacia el Tribunal de Estrasburgo y la evolución que pudiera experimentar su modo de trabajo en aquellos momentos[74]. De hecho, el Dictamen se consideró un «cierre en falso» del problema que no abordaba, ni aparentemente se planteaba, otra cuestión fundamental subyacente: la conveniencia o no de someter a todas las instituciones comunitarias a un control externo en una materia particularmente delicada[75]. Pero más allá de esto, esta resolución cae en la misma paradoja que se repetiría años más tarde. Porque si bien su conclusión puede ser coherente con una lectura estricta del principio de atribución, el Tribunal negaba para el resto de las instituciones comunitarias la posibilidad de hacer valer la misma interpretación finalista y creativa de las normas que él mismo venía esgrimiendo desde *Stauder* para justificar su competencia en materia de derechos.

---

[73]   GORDILLO PÉREZ, L. I., «El TJUE y el Derecho…», *op. cit.,* p. 346.

[74]   CUESTA CIVIS, Y., «El Tribunal de Justicia y la adhesión de la Comunidad Europea al Convenio de Roma: el dictamen 2/94», *Derechos y libertades: Revista de Filosofía del Derecho y derechos humanos,* año 4, n. 7, 1999, pp. 218 y s.

[75]   ESCOBAR HERNÁNDEZ, C., «Comunidad Europea y Convenio Europeo de Derechos Humanos: ¿El fin de una vieja polémica? (comentario al Dictamen 2/94 del TJCE, de 28 de marzo de 1996)», *Revista de Instituciones Europeas,* v. 23, n. 3, 1996, p. 837.

A pesar del revés que supuso este Dictamen para las aspiraciones inmediatas respecto del Convenio de Roma, lo cierto es que la idea de la adhesión se mantuvo en los documentos de trabajo del Tratado de Ámsterdam, aunque rápidamente pasaría a concebirse como una necesidad secundaria; es decir, como una solución complementaria a la elaboración de una declaración de derechos propia de la Unión, respecto de la que operaría como un mecanismo de protección adicional[76]. La Carta tal y como se adoptó en Niza sólo mencionaba el Convenio Europeo como referente al definir la cláusula de mejor estándar de protección y el principio de protección equivalente, sin que ello implicara ninguna clase de conexión jurídicamente vinculante entre ambos sistemas. Ésta tampoco se deducía del art. 6.2 TUE, que únicamente operaba como guía para identificar los derechos respetados por la Unión, cuyos términos concretos de protección eran definidos por el Tribunal de Justicia mediante categorías construidas dentro del propio Derecho comunitario[77].

Sin embargo, esta progresiva aproximación, sin contacto, de ambos sistemas normativos trajo como consecuencia que el Tribunal Europeo de Derechos Humanos acabara tomando partido, asumiendo la posibilidad de controlar el Derecho comunitario. En la Sentencia *Matthews*[78], de 1999, dictaminó la aplicabilidad del Protocolo n.1 del Convenio a las normas nacionales relativas a las elecciones al Parlamento Europeo y, en consecuencia, dedujo su capacidad para controlar la adecuación del Derecho comunitario a aquel (par. 45 a 54). Aunque lo haría indirectamente, a través de la aplicación que del mismo hacían los Estados, lo que en última instancia expresaba una pretensión de someter a la Unión Europea a su jurisdicción. Precisamente lo que el Tribunal de Justicia quería evitar. En fallos posteriores, en particular las Sentencias *Bosphorus*[79], de 2005, y *Michaud*[80], de 2012, el Tribunal de Estrasburgo reiteró su competencia de control incluso en aquellos casos en los que los Estados carecen de margen de apreciación en la aplicación de la norma comunitaria. Y aunque desde el principio establecía una presunción de compatibilidad, autolimitando su capacidad de intervención a aquellos casos en los que el nivel de protección del derecho dispensado dentro de la Unión Europea no fuera «equivalente» al del Convenio de Roma. Y aunque este concepto se ha entendido como un nivel de garantía

---

[76] SARRIÓN ESTEVE, J., *El Tribunal de Justicia…*, *op. cit.*, p. 57.

[77] RODRÍGUEZ VERGARA, A., «Ordenamiento comunitario y convención Europea de derechos humanos», en *La protección de los derechos fundamentales en la Unión Europea*, Dykinson, Madrid, 2002, p. 112.

[78] STEDH, n. 24833/94, *Matthews c. Reino Unido*, 18 de febrero de 1999.

[79] STEDH, n. 45036/98, *Bosphorus Hava Yolları Turizm ve Ticaret Anonim Şirketi c. Irlanda*, 30 de junio de 2005.

[80] STEDH, n. 12323/11, *Michaud c. Francia*, 6 de diciembre de 2012.

«comparable» y no necesariamente idéntico[81], esta doctrina representa una amenaza permanente de intervención del Tribunal Europeo de Derechos Humanos mientras la adhesión de la Unión al Convenio no se materialice[82].

En esta tesitura, al elaborar el Tratado de Lisboa, la suma de las presiones de las instancias comunitarias, de la evolución de la jurisprudencia del Tribunal de Justicia, y de este enfoque adoptado por el Tribunal Europeo de Derechos Humanos, llevaron a los líderes políticos a incorporar al articulado una mención expresa a la adhesión de la Unión Europea al Convenio de Roma[83]. En esta ocasión, no como una posibilidad, sino como una auténtica obligación de resultado, aunque de materialización muy compleja[84]. Viene explicitada en el art. 6.2 TUE de manera incondicional, al tiempo que se declara que tal cosa «no modificará las competencias de la Unión que se definen en los Tratados». Complementariamente, el Protocolo n. 8 sobre el apartado 2 del artículo 6 del Tratado de la Unión Europea relativo a la adhesión de la Unión al Convenio Europeo para la Protección de los Derechos Humanos y de las Libertades Fundamentales, establece la necesidad de preservar «las características específicas de la Unión y del Derecho de la Unión», en especial en lo que respecta a «las modalidades específicas de la posible participación de la Unión en las instancias de control del Convenio Europeo» y «los mecanismos necesarios para garantizar que los recursos interpuestos por terceros Estados y los recursos individuales se presenten correctamente contra los Estados miembros, contra la Unión, o contra ambos, según el caso».

Esta cláusula, que no es propiamente una innovación, puesto que ya formaba parte del Proyecto constitucional de 2004 en los mismos términos[85], solventaba el problema de la falta de base normativa para la adhesión que el Tribunal de Justicia adujo en el Dictamen 2/94. La excepción de naturaleza jurídica, por tanto, desaparecía en principio. Y en la medida en que la Carta se convierte en un texto jurídicamente vinculante, se puede decir que también consagra la idea de la complementariedad del sistema de protección del Convenio respecto del basado en ella y

---

[81]   STEDH *Bosphorus*, par. 155.

[82]   GORDILLO PÉREZ, L. I., «El TJUE y el Derecho…», *op. cit.,* p. 348

[83]   GORDILLO, L. y MARTINICO, G., *Historias del país…, op. cit.,* p. 127.

[84]   MARÍN AÍS, J. R., «La adhesión de la Unión Europea al Convenio de Roma. El cumplimiento de las obligaciones derivadas del Convenio Europeo de Derechos Humanos en el ordenamiento jurídico de la UE», *Revista de Derecho Comunitario Europeo*, n. 44, 2013, p. 234.

[85]   Ya en aquel momento, el Parlamento Europeo interpretó que la adhesión implicaría que la Unión sería «objeto del mismo examen exterior que sus Estados miembros» («Resolución sobre el Tratado por el que se establece una Constitución para Europa», de 12 de enero de 2005; DOUE n. C-247E, de 6 de octubre de 2005, pp. 88-93), lo que suponía que también el Tribunal de Justicia quedaría vinculado por las resoluciones del Tribunal de Estrasburgo.

materializado mediante el Derecho comunitario, que sería el que operaría de manera primaria e inmediata dentro de la Unión Europea. Pero lo que no aclara es el tipo de relación ni la posición relativa de cada sistema, algo que afecta particularmente al Tribunal de Justicia, cuya jerarquía y autonomía resultaban automáticamente amenazadas. Por esta razón, la incorporación al Tratado de la Unión Europea del art. 6.2 suponía un cambio de paradigma en esta cuestión cuyas consecuencias quizá no se midieron correctamente.

El Proyecto de Acuerdo de Adhesión elaborado por la Comisión fue sometido a la valoración del Tribunal de Justicia, que con su Dictamen 2/13, de 18 de diciembre de 2014, concluyó su incompatibilidad con el Derecho de la Unión Europea. Y ello a pesar de la posición favorable de la Abogada General, que defendió en su Opinión el encaje general del Proyecto con los Tratados mientras se asegurasen ciertos mecanismos y cautelas procesales[86].

En el núcleo del razonamiento del Tribunal está la idea de que una posible intervención del Tribunal Europeo de Derechos Humanos sobre asuntos en los que se aplicara Derecho comunitario afectaría a la preservación de las características específicas del Ordenamiento de la Unión. Entendidas tal y como él mismo las ha definido, con especial insistencia en la idea de la «autonomía» del mismo (y, por qué no decirlo, de su jurisdicción, que viene de la mano), que parece ser el único objeto digno de preservación en este asunto. Como consecuencia directa de esa pérdida de autonomía, la adhesión sometería a las decisiones del Tribunal de Justicia a un mecanismo de control externo[87]. Incluyendo las relativas a la protección de los derechos fundamentales, que claramente considera un ámbito propio de intervención que, en caso de incorporación de la Unión Europea al Convenio de Roma, quedaría sometido a un escrutinio, subsidiario en el mejor de los casos, de otro órgano jurisdiccional[88].

Sin pretensión de realizar una exposición exhaustiva de los motivos esgrimidos en el Dictamen 2/13, se puede empezar destacando que el Tribunal de Justicia señala como un problema principal la ausencia de mecanismos para garantizar la coordinación entre los arts. 53 de ambos textos. Pero no porque esto suponga un riesgo de que se produzca una situación de desprotección o reducción de las garantías de un derecho. Su temor es que, amparándose en la cláusula de mejor estándar de protección del Convenio de Roma, los Estados pudieran interpretar un derecho también reconocido en la Carta de un modo que ponga «en peligro en peligro el

---

[86]   *Vid.* las Conclusiones de la Opinión de la Abogado General Sra. Juliane Kokott, de 13 de junio de 2014, en el Procedimiento de Dictamen 2/13.

[87]   MUÑOZ MACHADO, S., «Los tres niveles…», *op. cit.,* p. 210.

[88]   ALONSO GARCÍA, R., «Sobre la adhesión de la UE al CEDH (o sobre cómo del dicho al hecho, hay un gran trecho)», *Revista Española de Derecho Europeo,* n. 53, 2015, p. 3.

nivel de protección» establecido por ésta, o «la primacía, la unidad y la efectividad del Derecho de la Unión» (par. 189 del Dictamen 2/13), justo después de recordar la vigencia de la doctrina *Melloni* en cuanto a los límites a los que están sometidos los estándares nacionales de protección de los derechos fundamentales. Estrechamente relacionada, se menciona a continuación la posibilidad de que la adhesión al Convenio afecte negativamente al equilibrio entre los Estados miembros basado en la confianza legítima (par. 194). En tercer lugar, el Tribunal de Justicia pone el acento en ciertos aspectos problemáticos que afectan a la relación entre órganos jurisdiccionales: articulación de la cuestión prejudicial con las opiniones consultivas del Tribunal de Estrasburgo (par. 196-199); determinación de la competencia para resolver los litigios relativos al incumplimiento del Convenio de Roma en la medida en que éste se integraría, según el Tribunal, en el Derecho de la Unión (par. 203-214); funcionamiento del mecanismo de codemandado (par. 215-235); y del procedimiento de intervención previa del Tribunal de Justicia en asuntos que conozca el Tribunal Europeo de Derechos Humanos donde se cuestione el Derecho comunitario, porque su configuración vulneraría «las competencias de la Unión y las atribuciones del Tribunal de Justicia por cuanto no le permite proporcionar la interpretación definitiva del Derecho derivado a la luz de los derechos garantizados por el CEDH» (par. 236-248). Por último, se pone un acento particular en el hecho de que, en la práctica, se atribuiría al Tribunal de Estrasburgo la competencia exclusiva para pronunciarse sobre la conformidad con los derechos del Convenio Europeo de Derechos Humanos de los actos adoptados en el marco de la PESC, detrayéndolo del ámbito de la Unión (par. 249-257).

De este modo, el Tribunal de Luxemburgo bloqueó la formalización de la adhesión mediante una argumentación que, más allá de cuestionar los términos específicos en los que aquel se planteaba, casi parece negar en abstracto la posibilidad de cumplir el mandato art. 6.2 TUE. En lugar de plantear una interpretación conforme de la propuesta que permitiera cumplir con esa obligación (que también le vincula como norma de Derecho Originario que es), respetando el espíritu y la intención del Tratado, parece poner el foco en los problemas técnicos para presentar la situación casi como un callejón sin salida[89]. Y todo, en última instancia, por las consecuencias que esto supondría sobre el ejercicio de su jurisdicción, sin que parezca importar si esto incide positiva o negativamente en la protección de los derechos de los ciudadanos de la Unión, que debería ser la principal preocupación en un sistema que se autoproclama democrático.

---

[89] MARTÍN Y PÉREZ DE NANCLARES, J., «El TJUE pierde el rumbo en el dictamen 2/13: ¿merece todavía la pena la adhesión de la UE al CEDH?», *Revista de Derecho Comunitario Europeo*, n. 52, 2015, p. 835.

Así las cosas, sin que la Unión se haya vuelto a plantear desde entonces retomar la adhesión al Convenio de Roma, nos encontramos en una situación que puede desembocar en cualquier momento en un conflicto entre los tribunales implicados. Ya de por sí, la doctrina de la presunción de la protección equivalente enunciada en *Bosphorus* genera inseguridad jurídica, puesto que permite potencialmente al Tribunal Europeo de Derechos Humanos controlar cualquier norma de Derecho comunitario si interpreta, conforme a su propio criterio, que la protección dispensada por el sistema de la Unión no es equivalente[90]. Y con la relativización de las garantías de la Carta en favor de la simple eficacia de la norma comunitaria que el Tribunal de Luxemburgo ha asumido abiertamente en los últimos años tras *Melloni* y *Taricco*, resulta mucho más probable que se llegue a esta conclusión en Estrasburgo, circunstancia que derivaría en una situación de bloqueo para cuya resolución no existe en este momento una pauta.

5. Reflexiones finales

La incorporación de los derechos fundamentales al acervo comunitario a finales de los años 60 por parte del Tribunal de Justicia implicó una alteración en la naturaleza del proceso de integración, y la progresiva evolución de su jurisprudencia al respecto ha sido determinante para alcanzar el estado actual de las cosas. No obstante, cabe plantearse si desde esos mismos instantes iniciales la jurisdicción comunitaria estuvo movida por un verdadero interés en proteger los derechos de los ciudadanos como patrimonio material común de las democracias europeas o si, por el contrario, tomo este camino por simple subsistencia. Como enseguida quedó patente, los Estados únicamente aceptarían la plena sumisión a un Ordenamiento supranacional común, con enorme fuerza expansiva, si existían garantías de que los derechos de sus ciudadanos no se verían debilitados como resultado de procesos decisorios ajenos. Es decir, que de algún modo, aunque fuera indirectamente, se mantendría la supremacía del contenido material de las normas constitucionales.

En cualquier caso, el Tribunal de Justicia ha encontrado en los derechos fundamentales el ámbito material para actuar en la condición que los Tratados no le pueden reconocer: la de un tribunal constitucional. Una posición que se ha ido fortaleciendo con la progresiva incorporación de aquellos al Ordenamiento europeo, culminada con la Carta. La atribución de fuerza vinculante a este texto lo ha convertido en un elemento referencial en la actual Unión Europea, que refuerza y

---

[90]   Llopis Nadal, P., «La necesidad procesal de la adhesión de la Unión Europea al CEDH: Un asunto que continúa pendiente tras el dictamen 2/13 del TJUE», *Revista Electrónica de Estudios Internacionales*, n. 29, 2015, pp. 38-39.

en cierta medida legitima el ejercicio de unas competencias normativas que poco a poco han ido entrando cada vez más en el espacio de los derechos de los ciudadanos. Aun a costa de convertirlos en elementos accesorios de las competencias materiales de la organización en un delicado y arriesgado equilibrio con los principios y libertades propios del mercado común y, recientemente, de la política económica. Para el Tribunal de Justicia, lo que empezó siendo una prolongada actuación al límite de las competencias comunitarias, cuando no directamente *ultra vires*, parece haberse legitimado y reforzado, adquiriendo una nueva fuerza como factor de construcción federal del sistema comunitario por delante de la voluntad de las instituciones europeas y, por supuesto, de unos Estados miembros para quienes en la actualidad la integración política parece estar en vía muerta.

El problema, no obstante, sigue estando en la motivación del Tribunal de Justicia; o, dicho de otro modo, en su concepción de los derechos fundamentales. Tras la Sentencia *Kadi*, donde proclamó el carácter «constitucional» de su actuación como garante de los derechos de los ciudadanos europeos, parecía asumir la garantía de los derechos como un objetivo prioritario, consagrándolos como el núcleo de valores comunes debía ser protegido de modo particularmente intenso. Es decir, parecía reconocer en los derechos un límite a la eficacia de las normas, y por tanto a la acción del poder. Eso sí, lo hacía proclamando su total autonomía en el desarrollo de esta tarea. Porque ya vigente la Carta, el Tribunal se ha sentido completamente libre para canalizar a través de la interpretación de normas positivas su conceptualización de los derechos, construida de forma referencial como desarrollo del Derecho de la Unión a partir de las tradiciones comunes y la jurisprudencia del Tribunal Europeo de Derechos Humanos. Aunque esto no significa que ahora se ciña en su actuación a los parámetros de aquella o a los principios de los Tratados. Ha continuado yendo un paso más allá de sus teóricos límites de actuación, con resoluciones en las que reivindica y afirma para sí mismo, y para la Unión Europea por extensión, una enorme competencia, reclamando, en última instancia, lo mismo que en el pasado reivindicaron los tribunales constitucionales italiano y alemán en *Frontini* y *Solange*.

Sin embargo, las prioridades del Tribunal de Justicia han quedado en entredicho en los tiempos más recientes con las argumentaciones en los Asuntos *Melloni*, *Åkerberg Fransson* y, sobre todo, *Taricco*. Porque ya no está tan claro que el nivel comunitario vaya a mejorar o igualar la protección que otorgaban hasta ahora los sistemas nacionales a sus ciudadanos. A la vista de los citados Fallos, resulta complicado saber dónde acaba la vocación del Tribunal de Justicia por proteger los derechos fundamentales como patrimonio común y dónde empieza el interés por asegurar la eficacia y la primacía del Derecho comunitario y su propia autoridad, empleando aquellos como un simple instrumento para ello. Sobre todo cuando en algunos momentos estos principios jurídico-formales se han insinuado sinónimos de una superioridad jerárquica sin reservas del Derecho de la Unión sobre los sistemas constitucionales nacionales con independencia de las consecuencias que eso suponga sobre la esfera jurídica de los ciudadanos. Y eso, en este ámbito material concreto, es difícil de encajar con las limitaciones institucionales y el déficit democrático que se achacan a la Unión Europea. Más aún si se tiene en cuenta que la legitimidad del peculiar método de actuación del Tribunal de Justicia al configurar el contenido o los límites de los derechos se basa en buena medida en su resultado.

Es cierto que la doctrina *Taricco* parece haber sido matizada, admitiendo la posibilidad de que las reglas nacionales sobre derechos fundamentales puedan legitimar en algunos casos el incumplimiento de obligaciones comunitarias. Pero como parece desprenderse del conjunto de Sentencias posteriores, para ser válidas, esas excepciones deben construirse necesariamente a partir de la jurisprudencia del Tribunal de Justicia sobre cada cuestión. Esto significa no sólo negar que, salvo excepciones muy puntuales, puedan existir contralímites al Derecho comunitario fuera de éste. También implica ampliar en la práctica el deber de interpretación conforme que recae sobre el juez nacional. En estos términos es complicado concebir la existencia de un verdadero diálogo con las jurisdicciones estatales. Éstas parecen simplemente relegadas a asimilar la doctrina homogeneizadora del Tribunal de Luxemburgo en todo aquello que tenga un punto de conexión con las competencias comunitarias, y a esperar que matice sus eventuales afirmaciones controvertidas ante la amenaza, más o menos explícita, de recurrir a las excepciones nacionales para justificar el incumplimiento de sus sentencias. Estamos ante un problema democrático que, quizá, siempre haya estado ahí, sólo que ahora se aprecia con claridad. Y a la vista de que el diálogo entre jurisdicciones en esta materia es realmente un monólogo del Tribunal de Justicia, es sólo cuestión de tiempo que aparezcan nuevos conflictos, especialmente con aquellos tribunales constitucionales nacionales que se han mostrado más beligerantes.

Tampoco la relación con el Tribunal Europeo de Derechos Humanos, con el que casi se diría que el Tribunal de Justicia se empeña en competir, parece fácil de reconducir. Buena prueba de ello son las resoluciones que éste ha emitido ante las tentativas de adhesión de la Unión Europea al Convenio de Roma. Especialmente el Dictamen 2/13, donde se priorizan las dificultades formales al cumplimiento del mandato del art. 6.2 TUE con el fin de proteger la propia jurisdicción ante cualquier posible injerencia externa que, en última instancia, pueda afectar a la aplicación efectiva del Derecho comunitario. De su argumentación casi parece desprenderse la idea de que esta norma de Derecho originario no es realizable porque implica ciertas actuaciones que entrarían en contradicción con otras disposiciones de los Tratados. Y aunque nuevamente se pueda dudar de las razones últimas que sustentan la construcción teórica del Tribunal, en este caso sí es posible que no vaya desencaminada.

En el momento en el que se plantea una interacción permanente y formalizada de dos sistemas jurídicos diseñados y construidos de manera separada, las influencias y alteraciones mutuas van a ser inevitables. Y si dichos sistemas se articulan a partir de normas rígidas (los Tratados constitutivos y el Convenio de Roma, respectivamente en este caso) y éstas no se adaptan explícitamente a la nueva realidad que se crea, la consecuencia será la mutación de sus disposiciones. Si la Unión Europea firma el Convenio Europeo de Derechos Humanos, las disposiciones de este último adquirirán la fuerza vinculante del Derecho comunitario para algunos de sus Estados firmantes, alterando su naturaleza como normas de Derecho Internacional. En el caso de la Unión Europea, y al margen de los múltiples problemas operativos que se han puesto de manifiesto, no sólo la jurisprudencia del Tribunal de Justicia pasará a ser revisable por otra instancia. También se alterará su base competencial misma, al obligarse por una norma internacional a actuar sobre una materia sobre la que no tiene estrictamente capacidad de actuación. Por tanto, la realidad es que posiblemente la firma sea imposible si no va acompañada de una reforma de los tratados constitutivos de ambas organizaciones para ajustarse entre sí, como por otro lado ya se dijo en los años 90.

Con todo esto, actualmente el modelo comunitario de protección de los derechos de los ciudadanos presenta más dudas que certezas y, desde luego, resulta imprevisible en sus resultados. Lo único claro es que el Tribunal de Justicia determinará en cada caso y como considere libremente qué significa cada derecho y cuándo una limitación es legítima, lo cual genera un sistema imprevisible y sospechoso en sus fines. Y esto, desde luego, no favorece precisamente una visión positiva del proyecto común.

6. REFERENCIAS BIBLIOGRÁFICAS

ALONSO GARCÍA, R., «Sobre la adhesión de la UE al CEDH (o sobre cómo del dicho al hecho, hay un gran trecho)», *Revista Española de Derecho Europeo*, n. 53, 2015, pp. 1-7.

AZURMENDI, A., «Por un "derecho al olvido" para los europeos: aportaciones jurisprudenciales de la Sentencia del TJUE del caso Google Spain y su recepción por la Sentencia de la Audiencia Nacional de 29.12.2014», *Revista de Derecho Político*, n. 92, 2015, pp. 273-310.

BOIX PALOP, A., «El equilibrio entre los derechos del artículo 18 de la Constitución, el "Derecho al olvido" y las libertades informativas tras la sentencia Google», *Revista General de Derecho Administrativo*, n. 38, 2015, pp. 1-40.

CÁMARA VILLAR, G., «Los derechos fundamentales en el proceso histórico de construcción de la Unión Europea y su valor en el Tratado Constitucional», *Revista de Derecho Constitucional Europeo*, n. 4, 2005, pp. 9-42.

CARTABIA, M., «La Unión Europea y los Derechos fundamentales: 50 años después», *Revista Vasca de Administración Pública*, n. 82-II, 2008, pp. 85-101.

CASTILLO DAUDÍ, M., «La protección internacional de los derechos humanos en las Comunidades europeas y la Unión Europea» en *El papel de la jurisprudencia del TJCE en la armonización del Derecho Europeo*, Universitat de València, Valencia, 2005, pp. 119-142.

CORCUERA ATIENZA, J., «El reconocimiento de los Derechos Fundamentales en la Unión Europea: el final del túnel» en *La protección de los derechos fundamentales en la Unión Europea*, Dykinson, Madrid, 2002, pp. 61-97.

CRAIG, P. y DE BÚRCA, G., *EU Law. Texts, cases and materials*, 5.ª Ed., Oxford University Press, Nueva York, 2011.

CUESTA CIVIS, Y., «El Tribunal de Justicia y la adhesión de la Comunidad Europea al Convenio de Roma: el dictamen 2/94», *Derechos y libertades: Revista de Filosofía del Derecho y derechos humanos*, año 4, n. 7, 1999, pp. 207-232.

Escobar Hernández, C., «Comunidad Europea y Convenio Europeo de Derechos Humanos: ¿El fin de una vieja polémica? (comentario al Dictamen 2/94 del TJCE, de 28 de marzo de 1996)», *Revista de Instituciones Europeas*, v. 23, n. 3, 1996, pp. 817-838.

Faggiani, V., «El diálogo jurisdiccional tras la sentencia del TJUE M.A.S. y M.B.: entre estándar europeo de protección y tendencias centrípetas», *Revista de Derecho Comunitario Europeo*, n. 60, 2018, pp. 639-676.

García Ortiz, A., «Diálogo y conflicto entre tribunales a propósito de los derechos fundamentales en la Unión Europea. Novedades con ocasión de la saga Taricco», *Revista de Derecho Constitucional Europeo*, n. 30, 2018, pp.129-160.

Gordillo Pérez, L. I., «El TJUE y el Derecho Internacional: la defensa de su propia autonomía como principio constitucional básico», *Cuadernos de derecho transnacional*, v. 9, n. 2, 2017, pp. 330-354.

Gordillo, L. y Martinico, G., *Historias del país de las hadas. La jurisprudencia constitucionalizante del Tribunal de Justicia*, Civitas, Cizur Menor, 2015.

Habermas J., «El Estado democrático de Derecho. ¿Una unión paradójica de principios contradictorios?», *Anuario De Derechos Humanos. Nueva Época*, n. 2, 2001, pp. 435-458.

Llopis Nadal, P., «La necesidad procesal de la adhesión de la Unión Europea al CEDH: Un asunto que continúa pendiente tras el dictamen 2/13 del TJUE», *Revista Electrónica de Estudios Internacionales*, n. 29, 2015, pp. 1-39.

Marica, A., *Unión Europea y el perfil constitucional de su Tribunal de Justicia*, Aranzadi, Cizur Menor, 2013.

Marín Aís, J. R., «La adhesión de la Unión Europea al Convenio de Roma. El cumplimiento de las obligaciones derivadas del Convenio Europeo de Derechos Humanos en el ordenamiento jurídico de la UE», *Revista de Derecho Comunitario Europeo*, n. 44, 2013, pp. 233-276.

Marinas Suárez, D., *El control iusfundamental de los actos legislativos de la Unión Europea*, Aranzadi, Cizur Menor, 2015.

Martín y Pérez de Nanclares, J., «El TJUE pierde el rumbo en el dictamen 2/13: ¿merece todavía la pena la adhesión de la UE al CEDH?», *Revista de Derecho Comunitario Europeo*, n. 52, 2015, pp. 825-869.

Martínez Ruano, P., «La protección de los derechos fundamentales en la Unión Europea» en *Derecho comunitario y procedimiento tributario*, Atelier, Barcelona, 2010, pp. 54-67.

Millán Moro, L., «El Tribunal de Justicia de las Comunidades Europeas como Tribunal Constitucional europeo» en *La Unión Europea en perspectiva constitucional*, Aranzadi, Cizur Menor, 2008, pp. 149-183.

Muñoz Machado, S., «Los tres niveles de garantías de los Derechos Fundamentales en la Unión Europea: problemas de articulación», *Revista de Derecho Comunitario Europeo*, n. 50, 2015, pp. 195-230.

Pérez Vera, E., «El Tratado de la Unión Europea y los derechos humanos», Revista de Instituciones Europeas, v. 20, n. 2, 1993, pp. 459-484.

Recchia, G., «Derechos fundamentales e integración europea: la jurisprudencia del Tribunal Constitucional italiano», *Revista de Estudios Políticos*, n. 75, 1992, pp. 47-58.

Rodríguez Vergara, A., «Ordenamiento comunitario y convención Europea de derechos humanos» en *La protección de los derechos fundamentales en la Unión Europea*, Dykinson, Madrid, 2002, pp. 99-118.

Sarrión Esteve, J., «Los conflictos entre libertades económicas y derechos fundamentales en la jurisprudencia del Tribunal de Justicia de la Unión Europea», *Revista de Derecho Político*, n. 81, 2011, pp. 379-412.

— *El Tribunal de Justicia de Luxemburgo como garante de los derechos fundamentales*, Dykinson, Madrid, 2013.

Torre, F., «Taricco iactum est ovvero l'incidenza della Saga Taricco nel processo costituente europeo», *Dirittifondamentali.it*, n.1/2019, 2019, pp. 1-26.

Ugartemedia Eceizabarrena, J. I., «La saga Taricco. Últimas instantáneas jurisdiccionales sobre la pugna acerca de los Derechos Fundamentales en la Unión Europea», *Revista General de Derecho Constitucional*, n. 27, 2018.

CAPÍTULO III
EL TRIBUNAL DE JUSTICIA COMO GARANTE
DEL ESTADO DE DERECHO EN LA UNIÓN EUROPEA

Leyre Burguera Ameave
Profesora Contratado Doctora
Departamento de Derecho Constitucional
Universidad Nacional de Educación a Distancia (UNED)

«Hoy, todos somos conscientes de que debemos luchar por nuestras democracias. Todos los días. Debemos protegerlas tanto de las amenazas externas a las que se enfrentan, como de los vicios que las corroen desde dentro. Proteger el Estado de Derecho es el deber y la función más noble de mi Comisión».

Discurso de la presidenta Von der Leyen sobre el estado de la Unión de 2022[1].

SUMARIO: 1. Introducción. 2. El estudio del caso de Polonia como paradigma de un constante desafío. 2.1. La crisis del Estado de Derecho en Polonia. 2.2. Asuntos de especial relevancia. 3. Reflexiones finales. 4. Referencias bibliográficas.

1. Introducción

Peter Häberle nos recordaba que, en el texto más antiguo del Consejo de Europa, fechado el 5 de mayo de 1949, ya en su preámbulo se enunciaba, entre otras cosas, la existencia de una cultura jurídica europea: «(…) En inquebrantable unión con los valores ético-espirituales que forman el legado común de sus pueblos y que son substrato de libertad personal, de libertad política, y de la primacía de la Ley, base de toda democracia (…)»[2]. A juicio de Truyol y Serra, en este documento se plasmaba una proclamación de que la unidad europea debe basarse en la «herencia común» de «los principios de libertad individual, de libertad política y de preemi-

---

[1] Discurso de la presidenta Von der Leyen sobre el estado de la Unión de 2022. Disponible en: https://commission.europa.eu/publications/2022-annual-report-monitoring-application-eu-law_en

[2] HÄBERLE, P., «Derecho Constitucional común europeo», en *Revista de Estudios Políticos* (Nueva Época), Núm 79. Enero-Mayo 1993, p. 14.

nencia del derecho, sobre los que se funda toda democracia verdadera», debiendo comprometerse los Estados miembros a asegurar a toda persona sometida a su jurisdicción el disfrute de los derechos del hombre y de las libertades fundamentales[3].

Se trataba de constatar un legado cultural y jurídico común a todos los europeos y en esa tarea, tal y como destaca de Miguel Bárcena: «Tanto el Consejo de Europa como las Comunidades Económicas fueron proyectos para alcanzar la paz a través del derecho»[4].

En concreto, el proceso seguido para la garantía y protección del Estado de Derecho en el seno de la UE no ha estado exento de dificultades[5] y son muchos los hitos destacables, pero por cuanto que este texto quiere poner en valor y reivindicar el protagonismo del Tribunal de Justicia de la UE (en adelante TJUE) en la conformación de un contenido justiciables de este principio, quisiera comenzar destacando una sentencia, a mi juicio, relevante.

Se trata de la sentencia del Tribunal de Justicia de 23 de abril de 1986 (Asunto 294/83) Parti écologiste «Les Verts» contra el Parlamento Europeo[6] en la que con ocasión de un recurso de anulación cuyo objeto era la campaña de información para la elección del Parlamento Europeo, el TJUE determina en el párrafo 23 que:

> «En este sentido, es pertinente subrayar, en primer lugar, que la Comunidad Económica Europea es una comunidad de Derecho, en la medida en que ni sus Estados miembros ni sus instituciones pueden sustraerse al control de la conformidad de sus actos con la carta constitucional fundamental que constituye el Tratado. Especialmente en sus artículos 173 y 184, por una parte, y en su artículo 177, por otra, el Tratado establece un sistema completo de vías de recurso y de procedimientos destinado a confiar al Tribunal de Justicia el control de la legalidad de los actos de las instituciones. Las personas físicas y jurídicas se hallan de este modo protegidas contra la aplicación a las mismas de los actos de alcance general que no pueden impugnar directamente ante el Tribunal en virtud de las condiciones especiales de admisibilidad especificadas en el párrafo 2 del artículo 173 del Tratado. Cuando la aplicación administrativa de estos actos compete a las instituciones comunitarias, las personas físicas y jurídicas pueden interponer un recurso directo ante el Tribunal de Justicia contra los actos de aplicación de que sean destinatarias o que les afecten directa e individualmente e invocar, en

---

[3]   Truyol y Serra, A., *La integración europea. Idea y realidad*, Tecnos, Madrid, 1972, p. 35.

[4]   Miguel Bárcena, J. de, «La defensa de la democracia en Europa y en España. Viejos y nuevos desafíos», en VVAA., *La protección del orden constitucional en Europa*, Grupo del Partido Popular europeo, 2021, p. 104.

[5]   Especialmente interesante es, sin duda, la «Declaración conjunta del Parlamento Europeo, del Consejo y de la Comisión», emitida en abril de 1977, en la que se formula el 'principio de respeto del Derecho'.

[6]   Sentencia del Tribunal de Justicia de 23 de abril de 1986, *Los Verdes c. Parlamento*, C-294/83, EU:C:1986:166.

apoyo de este recurso, la ilegalidad del acto general de base. Cuando su ejecución sea competencia de las instancias nacionales, aquéllas pueden alegar la invalidez de los actos de alcance general ante los órganos jurisdiccionales nacionales e inducirles a consultar al Tribunal de Justicia a este respecto mediante las cuestiones prejudiciales».

Esta calificación como 'comunidad de derecho' consiguió más tarde otro hito importante al incluir el respeto al principio del Estado de Derecho dentro de los criterios que debían cumplir los Estados que quisieran formalizar su adhesión a la UE. Estos criterios, conocidos como los criterios de Copenhague, fueron establecidos por el Consejo Europeo de Copenhague en 1993 y, posteriormente, el Consejo Europeo de Madrid los reforzó en 1995. De entre los criterios políticos, cabía señalar precisamente uno: «la existencia de instituciones estables que garanticen la democracia, el Estado de derecho, el respeto de los derechos humanos y el respeto y la protección de las minorías».

No obstante, el paso más significativo en la vindicación del Estado de Derecho fue su materialización como valor. Y es que como expresa Teresa Freixes: «en el proceso de integración europea, los valores han adquirido una creciente importancia a medida que la integración ha sido más profunda»[7]. En este horizonte, el Tratado de Lisboa ha constituido un avance muy significativo pues tanto en su preámbulo (segundo párrafo)[8] como en el artículo 2, los valores se configuran como fundamento y estructura básica de la Unión, de forma que, como indica esta autora: «Esto no permite, en primer lugar, evadir su aplicación, ni, en segundo lugar, hacer cualquier interpretación sobre su contenido. Por el contrario, la interpretación y aplicación de tales normas jurídicas deben hacerse en el marco del sistema jurídico de la Unión, según criterios previamente establecido en los Tratados. Como resultado, los valores adoptan un carácter institucional que debe insertarse en la estructura de las normas jurídicas y que debe presidir sus funciones»[9].

Además, más allá de erigirse en instituciones jurídicas identificables en los Tratados, ningún Estado podrá ser admitido como Estado miembro sin comprometerse a respetar los valores establecidos en el artículo 2 y a su promoción (artículo 49).

En concreto, el artículo 2 del Tratado de la Unión Europea explicita que:

---

[7]   FREIXES SANJUÁN, T., «La juridificación de los valores y la igualdad como valor en la Unión Europea», en *Igualdad y democracia: el género como categoría de análisis jurídico: estudios en homenaje a la profesora Julia Sevilla*, Cortes Valencianas, Valencia, 2014, pp. 253-263.

[8]   «INSPIRÁNDOSE en la herencia cultural, religiosa y humanista de Europa, a partir de la cual se han desarrollado los valores universales de los derechos inviolables e inalienables de la persona, así como la libertad, la democracia, la igualdad y el Estado de Derecho», en: https://www.boe.es/buscar/doc.php?id=DOUE-Z-2010-70002

[9]   FREIXES SANJUÁN, T., *op. cit.,* p. 256.

«La Unión se fundamenta en los valores de respeto de la dignidad humana, libertad, democracia, igualdad, Estado de Derecho y respeto de los derechos humanos, incluidos los derechos de las personas pertenecientes a minorías. Estos valores son comunes a los Estados miembros en una sociedad caracterizada por el pluralismo, la no discriminación, la tolerancia, la justicia, la solidaridad y la igualdad entre mujeres y hombres».

Atendiendo específicamente al valor de respeto del Estado de Derecho, debemos señalar que este valor comprende:

— El principio de legalidad, que implica un proceso legislativo transparente, democrático, pluralista y sujeto a rendición de cuentas;
— El principio de seguridad jurídica;
— La prohibición de la arbitrariedad del poder ejecutivo;
— El principio de tutela judicial efectiva (acceso a una justicia independiente e imparcial);
— El principio de separación de poderes;
— El principio de no discriminación y de igualdad ante la ley.

En este ámbito de acción, la UE se ha visto desafiada por distintos países (Rumanía, Hungría, Polonia, etc.), cuestionándose la arquitectura legal que permite que los tribunales nacionales operen como instituciones contramayoritarias imprescindibles para frenar gobiernos populistas.

Esta situación contrasta con la clara posición de la UE que estima que la existencia de un Poder Judicial independiente es una de las principales garantías del orden constitucional de los países miembros y del Derecho de la UE. Por tanto, el sometimiento de todos los poderes al Derecho es la garantía de la igual libertad de todos los ciudadanos europeos.

De ahí que, ante los desafíos y amenazas al Estado de Derecho que se han producido en el seno de la UE, ésta haya optado por establecer distintos mecanismos para su defensa y protección que se han puesto en marcha de manera simultánea y no excluyente.

En el plano económico, cabe destacar el Reglamento de condicionalidad[10] que establece un conjunto de medidas que se consideran necesarias para proteger el presupuesto de la Unión cuando se detecten vulneraciones de los principios del Estado de Derecho, así como el procedimiento que debe seguirse para la adopción de tales medidas.

En el plano político, dos son las acciones que quisiera destacar[11], aunque con desigual naturaleza, impacto y resultados. En primer lugar, los informes anuales de

---

[10] Reglamento 2020/2092, del Parlamento Europeo y del Consejo de 16 de diciembre de 2020, sobre un régimen general de condicionalidad para la protección del presupuesto de la Unión.

[11] Aunque existen otras como por ejemplo: la Comunicación de la Comisión al Parlamento Europeo, al Consejo Europeo, al Consejo, al Comité Económico y Social Europeo y al Comité de las

la Comisión respecto al Estado de Derecho que, pese a su eficacia evidentemente limitada, sí que permiten incidir en el estado de la cuestión, marcando la agenda europea y favoreciendo el diálogo entre Estados. A mi juicio, el efecto práctico consiste en lograr un cambio real en la forma en que los ciudadanos perciben el impacto del Estado de Derecho en sus vidas cotidianas.

Por ejemplo, recientemente la Comisión publicaba el informe de 2022 en el que vinculaba la construcción de una Europa más fuerte, verde y sana para la próxima generación de ciudadanos con la defensa de sus valores y la protección de sus democracias: «El Derecho es el mejor activo con el que cuenta la UE para trasladar los beneficios de la UE a las personas, las empresas y al medio ambiente. Esta es la razón por la que, en 2022, la Comisión volvió a demostrar su determinación de proteger el Estado de Derecho, nuestros valores y derechos fundamentales en toda la UE (…) Este informe anual se dirige a todos los Estados miembros y tiene por objeto promover el Estado de Derecho, evitando la aparición o la profundización de problemas. En 2022, la Comisión presentó por primera vez a los Estados miembros recomendaciones específicas por país sobre el Estado de Derecho. La Comisión abordó graves problemas del Estado de Derecho mediante procedimientos de infracción, relacionados en particular con la independencia judicial o los principios fundamentales del Derecho de la UE (…) La Comisión prosiguió un procedimiento de infracción contra Polonia en relación con el Tribunal Constitucional polaco y su jurisprudencia. La Comisión consideró que las sentencias del Tribunal Constitucional vulneran las disposiciones del Tratado de la Unión Europea y son incompatibles con los principios generales de autonomía, primacía, eficacia y aplicación uniforme del Derecho de la Unión, así como con el efecto vinculante de las sentencias del Tribunal de Justicia de la Unión Europea. En otro asunto contra Polonia, durante 2022, la Comisión siguió publicando sus peticiones de pago de multas diarias[12], que habían sido ordenadas por el vicepresidente del Tribunal de Justicia. En este procedimiento de infracción, la Comisión había solicitado con carácter de urgencia medidas provisionales para proteger la independencia de los jueces polacos»[13].

En otro plano mucho más complejo se sitúa el artículo 7 del TUE que, como indica Teresa Freixes: «establece el procedimiento de sanción por violación de va-

---

Regiones de 17 de julio de 2019, «Refuerzo del Estado de Derecho en la Unión — Propuesta de actuación», COM(2019) 343 final, que siguió a la Comunicación de la Comisión al Parlamento Europeo y al Consejo de 11 de marzo de 2014, «Un nuevo marco de la UE para reforzar el Estado de Derecho», COM(2014) 158 final.

[12]   https://curia.europa.eu/jcms/upload/docs/application/pdf/2021-10/cp210192en.pdf

[13]   Ver: 2022 Annual Report on monitoring the application of EU law: https://commission.europa.eu/publications/2022-annual-report-monitoring-application-eu-law_en

lores, que permite incluso la suspensión de los derechos de los Estados infractores en las instituciones de la UE, incluyendo los derechos de voto del representante del Gobierno del Estado de que se trate en el Consejo. Se trata de un proceso político con consecuencias jurídicas, que se realiza mediante la intervención de las instituciones de la UE».[14]

Merece la pena destacar que, más allá de su evidente vertiente sancionadora, desde el Tratado de Lisboa puede utilizarse como medio de prevención (artículo 7. 1 y 2):

> «Artículo 7. 1. A propuesta motivada de un tercio de los Estados miembros, del Parlamento Europeo o de la Comisión, el Consejo, por mayoría de cuatro quintos de sus miembros y previa aprobación del Parlamento Europeo, podrá constatar la existencia de un riesgo claro de violación grave por parte de un Estado miembro de los valores contemplados en el artículo 2. Antes de proceder a esta constatación, el Consejo oirá al Estado miembro de que se trate y por el mismo procedimiento podrá dirigirle recomendaciones.
>
> El Consejo comprobará de manera periódica si los motivos que han llevado a tal constatación siguen siendo válidos.
>
> 2. El Consejo Europeo, por unanimidad y a propuesta de un tercio de los Estados miembros o de la Comisión y previa aprobación del Parlamento Europeo, podrá constatar la existencia de una violación grave y persistente por parte de un Estado miembro de los valores contemplados en el artículo 2 tras invitar al Estado miembro de que se trate a que presente sus observaciones (…)».

En realidad, como señala Cortés Martín, «los negociadores del Tratado de Ámsterdam probablemente esperaran que la mera presencia del artículo 7 TUE actuaría como elemento disuasorio suficiente que evitara cualquier retroceso democrático. Sin embargo, los hechos han venido demostrando desde hace años signos de debilitamiento hasta alcanzar una situación crítica. Ha sido en ese momento cuando nos hemos dado cuenta de las graves insuficiencias del mecanismo de sanción del art.7 TUE, derivadas fundamentalmente de la discrecionalidad política involucrada en dicho procedimiento (…)»[15].

Por ello, ante la complejidad de la situación y la falta de firme voluntad política para activar el artículo 7 del TUE, se ha optado por recurrir a la vía judicial y se ha cedido todo el protagonismo al TJUE y a su jurisprudencia como garante y salvaguarda del Estado de Derecho.

---

[14]   FREIXES SANJUÁN, T., *op. cit.,* p. 256.
[15]   CORTÉS MARTÍN, J.M., «Sorteando los inconvenientes del artículo 7 TUE: el advenimiento del control jurisdiccional del Estado de derecho», en *Revista de Derecho Comunitario Europeo*, ISSN 1138-4026, Año n.º 24, N.º 66, 2020, p. 479.

2. El estudio del caso de Polonia como paradigma de un constante desafío

2.1. La crisis del Estado de Derecho en Polonia

Cuando, en 2004, diez nuevos países ingresan en la UE, entre ellos Polonia, seguidos por Bulgaria y Rumanía en 2007, las divisiones políticas entre la Europa del este y del oeste se daban por zanjadas definitivamente, pero las sucesivas crisis financieras y en consecuencia, el auge de determinadas formaciones políticas populistas han venido a cuestionar dicho avance.

En efecto, en Polonia, con la llegada al gobierno del partido ultraconservador PiS (Prawo i Sprawiedliwosc) en 2015, comenzaron a producirse importantes modificaciones que afectaron a la estructura institucional del Estado y muy especialmente al Poder Judicial. Ninguna fue políticamente neutra.

Comenzando por la ley de reforma del Tribunal Constitucional promulgada por el Presidente de la República el 28 de diciembre de 2015 y declarada inconstitucional en sentencia de 9 de marzo de 2016 (aunque el ministro de Justicia polaco se negara a publicar el fallo), esta situación provocó la inmediata reacción de la Comisión Europea.

El 19 de marzo de 2016, la Comisión, tal y como señala López Aguilar, inició «el proceso denominado "Mecanismo del Estado de Derecho" (incoado por la Comisión y adoptado por el PE en 2014) en relación con Polonia, articulado en tres fases. El objetivo: evaluar el nivel de adecuación de la reforma del TC polaco a los valores europeos del Estado de Derecho (Rule of Law), junto a otras medidas regresivas adoptadas en cumplimiento del programa ultraconservador del PiS (e incluyendo en este examen el progresivo e inexorable incremento del control político y gubernamental sobre los medios de comunicación)» [16].

Era el inicio de una deriva y senda antieuropea que tanto el Parlamento Europeo como la Comisión no supieron parar. La debilidad, insuficiencias y límites de sus mecanismos disponibles, se hicieron evidentes.

A partir de ahí, entró en juego, de manera simultánea el TJUE, abriendo un periodo en el que se examinó el valor Estado de Derecho vinculado a la independencia del Poder Judicial en Polonia, tratando así de asegurar el respeto a los valores de la UE a nivel interno.

Como es sabido, el tribunal de Justicia de la UE conoce principalmente de los siguientes procedimientos:

---

[16] López Aguilar, J.F., «De nuevo (y todavía) Polonia: "Rule of law" y art. 7 TUE en el Parlamento Europeo y el Tribunal de Justicia», en *Teoría y realidad constitucional*, n. 44, 2019, pp.142-143.

— Peticiones de decisión prejudicial.
— Recursos directos dirigidos a:
  Obtener la anulación de un acto de la Unión («recurso de anulación») o
  Declarar el incumplimiento del Derecho de la Unión por un Estado miembro («recurso por incumplimiento»).
— Recursos de casación, interpuestos contra las resoluciones dictadas por el Tribunal General. Mediante esta vía de recurso, el Tribunal de Justicia puede anular las resoluciones del Tribunal General.
— Solicitudes de dictamen sobre la compatibilidad con los Tratados de un acuerdo que la Unión prevea concluir con un Estado tercero o con una organización internacional.

Por ello, resulta sugestivo observar cómo en un corto periodo de tiempo, Polonia, ha sido objeto de algunos de los procedimientos más relevantes en cuanto a la protección del Estado de Derecho en el seno de la UE, empleando muchos de los procedimientos arbitrados ante el TJUE. En concreto, podríamos sistematizar algunas de sus sentencias más significativas del siguiente modo:

1.1.1. Recursos por incumplimiento (arts. 258-260 TFUE):
   a) C-619/18
   b) C-192/18
   c) C-791/19
1.1.2. Cuestiones prejudiciales (art. 267 TFUE):
   a) C-132/20
   b) C-824/18
   c) C-748/19
1.1.3. Recursos anulación (arts. 263 y 264 TFUE):
   a) C-156/21
   b) C-157/21

El resultado de esta intensa judicialización ha conllevado que el TJUE desarrollase una importante jurisprudencia que vincula el principio de independencia del poder judicial con el valor de Estado de Derecho, dotándolo de un contenido justiciable.

A su vez, esto ha permitido reiterar la premisa de que los jueces nacionales lo son del derecho de la Unión y por ello la Unión debe garantizar su independencia.

Veamos a continuación algunos de estos casos con mayor detalle.

2.2. **Asuntos de especial relevancia**

Respecto a la protección del Estado de Derecho, el TJUE ha desarrollado una interesante jurisprudencia que vincula este valor con el principio de independencia del Poder Judicial y lo ha hecho sobre la base del artículo 19.1 del TUE y del artículo 47 de la Carta de Derechos Fundamentales de la UE.

En concreto, cuando el artículo 19 TUE, apartado 1, establece que:

«El Tribunal de Justicia de la Unión Europea comprenderá el Tribunal de Justicia, el Tribunal General y los tribunales especializados. Garantizará el respeto del Derecho en la interpretación y aplicación de los Tratados. Los Estados miembros establecerán las vías de recurso necesarias para garantizar la tutela judicial efectiva en los ámbitos cubiertos por el Derecho de la Unión» y se pone en conexión con el artículo 47 de la Carta: «Toda persona cuyos derechos y libertades garantizados por el Derecho de la Unión hayan sido violados tiene derecho a la tutela judicial efectiva respetando las condiciones establecidas en el presente artículo. Toda persona tiene derecho a que su causa sea oída equitativa y públicamente y dentro de un plazo razonable por un juez independiente e imparcial, establecido previamente por la ley. […]», el Tribunal está empleando una lógica argumentativa que le va a permitir garantizar la independencia de los jueces nacionales porque éstos lo son del Derecho de la Unión.

En este razonamiento que el Tribunal va a sostener en muchas de las sentencias más adelante comentadas, resulta imprescindible destacar una sentencia que marcará la senda del propio tribunal. Se trata de la **sentencia Associação Sindical dos Juízes Portugueses** (C-64/16, EU:C:2018:117), de 27 de febrero de 2018[17], en la que la Gran Sala del Tribunal de Justicia dio respuesta a una cuestión prejudicial sobre la validez, a la luz del principio de independencia judicial, de la aplicación de reducciones salariales a los miembros del Tribunal de Cuentas en Portugal. Esta medida había quedado justificada por las exigencias imperativas de supresión del déficit presupuestario excesivo de Portugal y en el contexto de un programa de ayuda financiera de la Unión ha dicho Estado miembro. Ante estas circunstancias, el legislador portugués había reducido, con carácter temporal, la retribución de una gran parte de la función pública portuguesa. En este contexto, la Asociación Sindical de los Jueces Portugueses interpuso un recurso contra dichas medidas presupuestarias al considerar que violaban el principio de independencia judicial y el órgano jurisdiccional encargado de enjuiciar el asunto preguntó al Tribunal de Justicia sobre la compatibilidad de dichas medidas con el artículo 19 TUE y el artículo 47 de la Carta.

Pues bien, aunque el TJUE señaló que las medidas de reducción salarial controvertidas no se habían aplicado únicamente a los miembros del Tribunal de Cuentas y, por lo tanto, constituían medidas generales destinadas a lograr que un conjunto de miembros de la función pública nacional contribuyese al esfuerzo de austeridad y que además éstas tenían carácter temporal (se suprimieron definitivamente el 1 de

---

[17]   Sentencia del Tribunal de Justicia (Gran Sala) de 27 de febrero de 2018, *Asociación Sindical de los jueces portugueses*, C-64/16, ECLI:EU:C:2018:117

octubre de 2016), no vulnerándose el artículo 19.1 del TUE, esta sentencia resultó especialmente relevante por la lógica argumentativa empleada para vincular el artículo 19.1 del TUE y el 47.2 de la Carta.

El TJUE destacó que el artículo 19.1 del TUE supone una mayor concreción del valor de Estado de Derecho proclamado en el artículo 2 TUE, atribuyéndole el cometido de garantizar el control judicial en el ordenamiento jurídico de la Unión no sólo al Tribunal de Justicia, sino también a los tribunales nacionales. Recordó, a este respecto, que la existencia misma de un control judicial efectivo para garantizar el cumplimiento del Derecho de la Unión es inherente a un Estado de Derecho. En consecuencia, todo Estado miembro debe garantizar que aquellos órganos que, en calidad de «órganos jurisdiccionales» —en el sentido definido por el ordenamiento jurídico de la Unión—, formen parte de su sistema de vías de recurso en los ámbitos cubiertos por el Derecho de la Unión cumplan las exigencias de la tutela judicial efectiva.

Tras establecer esta premisa, el TJUE apuntó que, para garantizar la tutela judicial efectiva, resulta primordial preservar la independencia de tal órgano, como lo confirma el artículo 47, párrafo segundo, de la Carta, precepto en el que, entre las exigencias vinculadas al derecho fundamental a la tutela judicial efectiva, se menciona el acceso a un juez «independiente». En efecto, la garantía de independencia no solo se impone en el ámbito de la Unión, sino también en el ámbito de los Estados miembros, en lo que respecta a los jueces y tribunales nacionales. Para el Tribunal, este concepto de independencia supone, entre otras cosas, que el órgano en cuestión ejerza sus funciones jurisdiccionales con plena autonomía, sin estar sometido a ningún vínculo jerárquico o de subordinación respecto a terceros y sin recibir órdenes ni instrucciones de ningún tipo, cualquiera que sea su procedencia, de tal modo que quede protegido de injerencias o presiones externas que puedan hacer peligrar la independencia de sus miembros a la hora de juzgar o que puedan influir en sus decisiones.

En consecuencia, el hecho de que los jueces perciban un nivel de retribuciones en consonancia con la importancia de las funciones que ejercen constituye una garantía inherente a la independencia judicial y resulta aplicable tanto a jueces europeos como a jueces nacionales. Como destaca Steible, en esta sentencia: «la garantía de independencia del Poder Judicial se convirtió en una obligación derivada del artículo 19, apartado 1 TUE, y "adquirió un nuevo papel en el ordenamiento constitucional de la UE como obligación de Derecho primario"»[18].

---

[18]   STEIBLE, B., «Tribunal de Justicia de la Unión, tribunales nacionales y salvaguardia del Estado de Derecho en la UE», en *ReDCE*, n. 35., 2021, p. 2.

A partir de ella, y haciendo un análisis cronológico de las sentencias más relevantes que afectan a Polonia y que tienen por objeto la protección y garantía del Estado de Derecho, comentaremos la labor desempeñada por el TJUE en el periodo comprendido entre 2018-2023, a través de sus informes[19].

Si bien en **2018**, el Tribunal de Justicia aún no se va a pronunciar de manera detallada sobre asuntos concretos que afectasen a los cambios normativos en Polonia[20], si que va a adoptar, mediante un auto, medidas provisionales en el **asunto Comisión/Polonia (C-619/18 R, EU:C:2018:1021)**. El 17 de diciembre de 2018, el TJUE ordenó a la República de Polonia suspender inmediatamente la aplicación de las disposiciones nacionales relativas a la reducción de la edad de jubilación de los jueces del Tribunal Supremo de Polonia[21]. La demanda de medidas provisionales se había presentado en el marco de un recurso por incumplimiento interpuesto por la Comisión Europea, por el que se solicitaba que se declarara que la República de Polonia había incumplido las obligaciones que le incumben en virtud de dichas disposiciones, por un lado, al reducir la edad de jubilación de los jueces del Tribunal Supremo y al aplicar esta modificación a los jueces en ejercicio que fueron nombrados para este órgano judicial antes del 3 de abril de 2018 y, por otro lado, al atribuir al Presidente de la República de Polonia la facultad discrecional de prorrogar la función jurisdiccional en activo de los jueces de dicho órgano jurisdiccional una vez superada la nueva edad de jubilación.

En este caso, y a mi juicio, cabría destacar dos cuestiones. En lo relativo a que el juez que conoce de las medidas provisionales únicamente puede adoptarlas si se cumplen dos circunstancias: demuestra que su concesión está justificada (a primera vista y desde el punto de vista fáctico y jurídico (*fumus boni iuris*)) y que es urgente; el TJUE determinó que se cumplían ambas.

---

[19]   Ver: https://curia.europa.eu/jcms/jcms/Jo2_11035/

[20]   Circunstancia evidente habida cuenta que, como se explicita en el propio informe anual de 2018: «cabe destacar que, a pesar del aumento del número de asuntos, la duración media de su tramitación permaneció, en 2018, en un nivel muy satisfactorio. En efecto, la duración media de tramitación de los asuntos prejudiciales se establecía en 16 meses, mientras que la relativa a la tramitación de los recursos directos y de los recursos de casación ascendía a 18,8 meses y 13,4 meses, respectivamente. Pese a su elevado número, los asuntos sometidos al procedimiento prejudicial de urgencia en el año transcurrido pudieron ser tramitados también en un plazo medio de 3,1 meses, lo que se corresponde con el objetivo que se había fijado el Tribunal de Justicia cuando se puso en práctica dicho procedimiento excepcional, en 2008», en https://curia.europa.eu/jcms/upload/docs/application/pdf/2019-08/ra_2018_es_cover_web.pdf, p.12.

[21]   Este auto de medidas provisionales del Tribunal de Justicia se dictó tras un auto de medidas provisionales dictado previamente por la Vicepresidenta del Tribunal de Justicia *inaudita altera parte,* mediante el que había estimado provisionalmente la demanda de medidas provisionales presentada por la Comisión [auto de 19 de octubre de 2018, *Comisión/Polonia* (C-619/18 R,EU:C:2018:852)].

El TJUE, en primer lugar, recordó que el requisito del *fumus boni iuris* se cumple cuando al menos uno de los motivos invocados en apoyo del recurso principal parezca, a primera vista, no carente de fundamento sólido. Sin pronunciarse sobre la fundamentación de todos los motivos invocados en el marco del recurso por incumplimiento, el Tribunal de Justicia consideró, en el presente caso, que no cabía excluir a primera vista que las disposiciones nacionales cuestionadas por la Comisión incumpliesen la obligación que incumbe a la República de Polonia, en virtud del artículo 19 TUE, apartado 1, párrafo segundo, en relación con el artículo 47 de la Carta, de garantizar que aquellos órganos, como el Tribunal Supremo, que forman parte de su sistema de vías de recurso en los ámbitos cubiertos por el Derecho de la Unión cumplan las exigencias de la tutela judicial efectiva, entre las que figura el derecho de acceso a un juez «independiente».

En segundo lugar, y en lo relativo a la urgencia, el Tribunal debía examinar si la aplicación de las disposiciones nacionales controvertidas hasta que se dictase sentencia definitiva sobre el recurso de incumplimiento podía ocasionar un perjuicio grave e irreparable al ordenamiento jurídico de la Unión. Y en este sentido consideró que la independencia del Tribunal Supremo de Polonia podía no quedar garantizada, ocasionando un grave perjuicio para el ordenamiento jurídico de la Unión y, por lo tanto, para los derechos que este ordenamiento reconoce a los justiciables y para los valores, enunciados en el artículo 2 TUE, en los que se basa la Unión, en particular el del Estado de Derecho. Además, el perjuicio podía ser irreparable pues el Tribunal Supremo, en cuanto órgano jurisdiccional que resuelve en última instancia y que dicta resoluciones incluso en los asuntos que dan lugar a la aplicación del Derecho de la Unión (que revisten fuerza de cosa juzgada y que, por ese motivo, pueden generar efectos irreversibles respecto del ordenamiento jurídico de la Unión) quedaría bajo sospecha, originando una fuerte desconfianza hacia el propio sistema judicial de Polonia y en consecuencia, ocasionando la posibilidad de que los Estados miembros se pudieran negar a reconocer y ejecutar resoluciones judiciales dictadas por los órganos jurisdiccionales de la República de Polonia. En definitiva, los mecanismos de cooperación judicial (entre otros, el establecido en el artículo 267 TFUE), quedarían gravemente afectados.

La segunda cuestión que quisiera destacar es el juicio de ponderación que debe hacer el TJUE entre el interés general de la Unión y el interés del Estado afectado, a la hora de adoptar esta medida provisional. Como se explicita, aunque el Tribunal de Justicia concluyó que la ponderación de los intereses en juego se inclinaba a favor de la concesión de las medidas provisionales solicitadas por la Comisión, en ese juicio de ponderación, el TJUE tuvo en cuenta que dos circunstancias. Por un lado, que las medidas provisionales solicitadas han de garantizar que su sentencia definitiva pueda ejecutarse en caso de que el recurso por incumplimiento sea finalmente estimado. Si, por el contrario, dichas medidas provisionales no se dictaran y se estimase el recurso por incumplimiento, el interés general de la Unión en relación con el buen funcionamiento de su ordenamiento jurídico podría quedar afectado de manera grave e irreparable, en espera de que se dictara la sentencia definitiva. Por otro lado, que en caso de que se adoptasen las medidas provisionales solicitadas, el interés de la República de Polonia en el buen funcionamiento del Tribunal Supremo no podía quedar afectado de tal manera en el supuesto de que se desestimase ulteriormente el recurso por incumplimiento, ya que esa adopción únicamente tendría como efecto mantener, por un período limitado, la aplicación del régimen jurídico existente antes de la aprobación de la Ley sobre el Tribunal Supremo[22].

En **2019** cabría destacar tres sentencias relevantes sobre las reformas judiciales de Polonia y la garantía del Estado de Derecho por parte del TJUE. En concreto, se trata de tres asuntos que afectan al derecho a un juez imparcial, el derecho a un juicio justo y al principio de independencia judicial.

En la primera sentencia, la sentencia ***Comisión/Polonia (Independencia del Tribunal Supremo)***(C-619/18, EU:C:2019:531), dictada el 24 de junio de 2019[23], el Tribunal de Justicia, constituido en Gran Sala, estimó el recurso por incumplimiento interpuesto por la Comisión contra la República de Polonia mediante el que se solicitaba que se declarase que dicho Estado miembro había incumplido las obligaciones que le incumben en virtud del artículo 19 TUE, apartado 1, párrafo segundo, por una parte, al reducir la edad de jubilación de los jueces del Tribunal Supremo y aplicar esta medida a los jueces de dicho Tribunal en ejercicio nombrados antes del 3 de abril de 2018 y, por otra parte, al atribuir al Presidente de la República la facultad discrecional para prorrogar la función jurisdiccional en activo de los jueces de ese Tribunal una vez alcanzada la nueva edad de jubilación.

El TJUE debía valorar si con tales medidas se había vulnerado el principio de independencia judicial y, en particular, el principio de inamovilidad del juez, al haber podido incumplir Polonia las obligaciones del artículo 19.1, párrafo segundo, del TUE. Para ello, debía enjuiciar la aplicabilidad y el alcance de esta disposición normativa.

Respecto a su aplicabilidad, el TJUE recuerda que, en virtud de esta disposición, todo Estado miembro debe garantizar que aquellos órganos que, en calidad de «órganos jurisdiccionales» —en el sentido definido por el ordenamiento jurídico de la Unión—, formen parte de su sistema de vías de recurso en los ámbitos cubiertos por el Derecho de la Unión y que, por ello, pueden verse abocados a resolver sobre

---

[22] Ver: https://curia.europa.eu/jcms/upload/docs/application/pdf/2019-08/ra_2018_es_cover_web.pdf, p. 25.

[23] Sentencia del Tribunal de Justicia (Gran Sala) de 24 de junio de 2019, *Comisión c. Polonia,* C-619/18, ECLI:EU:C:2019:531

cuestiones vinculadas a la aplicación o la interpretación de ese Derecho cumplan las exigencias de la tutela judicial efectiva, como ocurre, en el presente asunto, con el Tribunal Supremo polaco. En consecuencia, para garantizar que el mencionado órgano jurisdiccional pueda ofrecer dicha tutela, resulta primordial preservar su independencia, en la línea con lo estipulado en el artículo 47, párrafo segundo, de la Carta.

Esta necesidad de independencia de los tribunales, inherente a la función jurisdiccional, está por tanto, integrada en el contenido esencial del derecho a la tutela judicial efectiva y del derecho a un proceso equitativo, que reviste una importancia capital como garante de la protección del conjunto de los derechos que el Derecho de la Unión confiere a los justiciables y de la salvaguarda de los valores comunes de los Estados miembros proclamados en el artículo 2 TUE, en particular el valor del Estado de Derecho.

En lo relativo al alcance de esta exigencia, el Tribunal pone en conexión las garantías de independencia e imparcialidad judicial con requerimientos que afectan a la libertad de los jueces como puedan ser: la composición del órgano al que pertenecen, nombramientos, duración del mandato, causas de inhibición, recusación y cese de sus miembros, etc. En consecuencia, establece una conexión directa con el principio de inamovilidad que exige que, en particular, los jueces puedan permanecer en el ejercicio de sus funciones en tanto no hayan alcanzado la edad de jubilación forzosa o hasta que termine su mandato cuando este tenga una duración determinada. Evidentemente esta exigencia puede ser objeto de excepciones cuando existan motivos legítimos e imperiosos que lo justifiquen (y siempre que se respete el principio de proporcionalidad) pero el TJUE sólo las contempla cuando se cumplan dos criterios para su justificación: tenga un objeto legítimo y sea proporcionada. En este asunto, el Tribunal de Justicia consideró que la aplicación de la medida de reducción de la edad de jubilación de los jueces del Tribunal Supremo a los jueces de ese Tribunal en ejercicio no cumplía dichos requisitos, especialmente en lo relativo a estar justificada por un objetivo legítimo, concluyendo que dicha aplicación violaba el principio de inamovilidad del juez, inherente a su independencia.

Finalmente, había una cuestión más por dilucidar y era si la facultad discrecional que se le atribuía, en la nueva Ley del Tribunal Supremo, al Presidente de la República, dándole la posibilidad de prorrogar la función jurisdiccional activa de los jueces del mencionado órgano jurisdiccional una vez alcanzada la nueva edad de jubilación fijada en esa Ley, podía contravenir o no el principio de independencia judicial. En este punto, el TJUE indicó que, la mera atribución a un órgano, como el Presidente de la República, de la facultad para decidir si concede o no una prórroga no basta, por sí sola, para concluir que se ha violado dicho principio. Cabe comprobar que las condiciones materiales y las normas de procedimiento que rigen en la adopción de tales decisiones se conciban de manera tal que esos jueces se encuentren protegidos frente a posibles tentaciones de ceder a intervenciones o a presiones externas que amenacen su independencia. Así pues, dichas normas deben permitir excluir no sólo cualquier influencia directa, en forma de instrucciones, sino también las formas de influencia más indirecta que pudieran orientar las decisiones de los jueces de que se trate.

En la normativa objeto del recurso, el TJUE advirtió que la prórroga quedaba sujeta a una decisión del Presidente de la República de carácter discrecional, no necesitando estar motivada y contra la que no cabía interponer recurso judicial. A ello había que sumarle que, la intervención prevista en la Ley, del Consejo Nacional del Poder Judicial antes de que el Presidente de la República adoptase una decisión, aunque podía objetivar el proceso, en realidad sólo podía hacerlo si se cumplían ciertos requisitos (independencia de este órgano frente al Poder Legislativo y Ejecutivo y de la autoridad a la que debe remitir el dictamen, decisión basada en criterios objetivos y pertinentes, etc.) que, en el presente asunto, no pudieron verificarse. Así pues, el Tribunal entendió que podían existir dudas legítimas, en particular en el ánimo de los justiciables, en lo que respecta a la impermeabilidad de los jueces afectados frente a elementos externos y en lo que respecta a su neutralidad con respecto a los intereses contrapuestos en los litigios de que puedan conocer.

En la segunda sentencia, la sentencia *Comisión/ Polonia (Independencia de los tribunales ordinarios)* (C-192/18, EU:C:2019:924), dictada el 5 de noviembre de 2019[24], el Tribunal de Justicia, constituido en Gran Sala, estimó el recurso por incumplimiento interpuesto por la Comisión contra la República de Polonia, declarando que este Estado miembro había incumplido las obligaciones que le incumben en virtud del Derecho de la Unión, por una parte, al establecer una edad de jubilación diferente para las mujeres y los hombres que desempeñan el cargo de juez o fiscal y, por otra parte, al reducir la edad de jubilación de los jueces de los tribunales ordinarios al tiempo que atribuía al Ministro de Justicia la facultad para prorrogar el período de actividad de estos jueces.

Se trataba de enjuiciar si la ley polaca de 12 de julio de 2017 era contraria al Derecho de la Unión. En concreto había dos cuestiones especialmente conflictivas: la reducción de la edad de jubilación de los jueces de los tribunales ordinarios y de los fiscales, así como la edad de jubilación anticipada de los jueces del Sąd Najwyższy (Tribunal Supremo), a 60 años para las mujeres y 65 años para los hombres, edades que anteriormente estaban fijadas para ambos sexos en 67 años y la atribución al Ministro de Justicia la facultad para prorrogar el período de actividad de los jueces de los tribunales ordinarios una vez alcanzaran las nuevas edades de jubilación fijadas, diferentes según el sexo.

---

[24] Sentencia del Tribunal de Justicia (Gran Sala) de 5 de noviembre de 2019, *Comisión c. Polonia*, C-192/18, ECLI:EU:C:2019:924.

En lo relativo a las diferencias por sexo en la edad de jubilación, el TJUE entendió que, aunque la República de Polonia alegaba que se trataba de una medida de discriminación positiva ésta debía desestimarse pues la ley había introducido condiciones directamente discriminatorias por razón de sexo en lo atinente al momento en que los interesados pueden acceder de manera efectiva a las ventajas previstas por dichos regímenes y estas diferencias no pueden compensar las desventajas a las que están expuestas las carreras de las funcionarias, ayudándolas en su vida profesional y poniendo remedio a los problemas con los que pueden encontrarse durante su carrera. Por consiguiente, el Tribunal de Justicia concluyó que la legislación controvertida infringía el artículo 157 TFUE (a tenor del cual cada Estado miembro garantizará la aplicación del principio de igualdad de retribución entre trabajadores y trabajadoras para un mismo trabajo) y la Directiva 2006/54 sobre la igualdad entre hombres y mujeres.

Respecto a la facultad atribuida al Ministro de Justicia para conceder o no una prórroga del ejercicio de la función jurisdiccional a los jueces de los tribunales ordinarios una vez alcanzada la edad ordinaria de jubilación, el TJUE, al igual que en la sentencia precedente, estableció que la atribución de esta facultad no constituye, por sí sola, una posible vulneración del principio de independencia judicial. Deben valorarse si las condiciones materiales y las normas de procedimiento que acompañan a esta facultad pueden suscitar dudas legítimas en lo que respecta a la impermeabilidad de los jueces afectados frente a elementos externos y en lo que respecta a su neutralidad. Y en efecto, en este caso, tanto los criterios sobre la base de los cuales el Ministro debe adoptar su decisión resultaban excesivamente vagos y dicha decisión no debía motivarse ni cabía presentar recurso judicial contra ella. Por tanto, todo ello junto con la medida de reducción de la edad ordinaria de jubilación de los jueces de los tribunales ordinarios, podía suscitar dudas legítimas en el ánimo de los justiciables en cuanto a que el nuevo sistema podría tener, en realidad, la finalidad de permitir al Ministro apartar a determinados grupos de jueces una vez alcanzaran la nueva edad ordinaria de jubilación y simultáneamente mantener en el cargo a otra parte de ellos. Además, habida cuenta de que la decisión del Ministro no estaba sujeta a plazo alguno y de que el juez interesado podía permanecer en su cargo hasta que se adoptase tal decisión, la eventual decisión denegatoria del Ministro podía producirse después de que se lo hubiera mantenido en su cargo tras haber alcanzado la nueva edad de jubilación. Es en consecuencia, el enjuiciamiento de una combinación de medidas la que va a determinar la decisión final de estimación del recurso por incumplimiento interpuesto por la Comisión contra la República de Polonia.

En la tercera y última sentencia, la sentencia *A. K. y otros (Independencia de la Sala Disciplinaria del Tribunal Supremo)* (C-585/18, C-624/18 y C-625/18,

EU:C:2019:982), dictada el 19 de noviembre de 2019[25], en el marco de un procedimiento acelerado, el Tribunal de Justicia, constituido en Gran Sala, declaró que el derecho a la tutela judicial efectiva, garantizado por el artículo 47 de la Carta y reafirmado, en el ámbito de la lucha contra la discriminación, por la Directiva 2000/78, 6 (en lo sucesivo, «Directiva antidiscriminación») se opone a que unos litigios relativos a la aplicación del Derecho de la Unión puedan ser de competencia exclusiva de un órgano que no constituye un tribunal independiente e imparcial.

En este caso, tres jueces polacos alegaban que la Ley del Tribunal Supremo de Polonia, de 8 de diciembre de 2017, incumplía la prohibición de discriminación por razón de edad en materia de empleo debido a su jubilación forzosa anticipada. Aunque en el momento de enjuiciarla, ésta ya había sido reformada (Ley de modificación de 10 de mayo de 2018) y los jueces afectados ya habían sido mantenidos o reintegrado en sus cargos, el órgano jurisdiccional remitente consideraba que seguía teniendo ante sí un problema de naturaleza procesal. En efecto, aun cuando este tipo de litigios era generalmente de competencia de la recientemente creada Sala Disciplinaria del Tribunal Supremo, el órgano jurisdiccional remitente se preguntaba si, debido a ciertas dudas acerca de la independencia de dicha Sala, debía hacer caso omiso de las normas nacionales de reparto de las competencias jurisdiccionales y, en su caso, declararse él mismo competente para conocer del fondo de estos litigios.

El TJUE, al igual que en la sentencia *Comisión/Polonia (Independencia del Tribunal Supremo)*(C-619/18, EU:C:2019:531), dictada el 24 de junio de 2019, señaló que el mero hecho de que los jueces de la Sala Disciplinaria fueran nombrados por el presidente de la República no es susceptible de crear una situación de dependencia respecto del poder político ni de suscitar dudas en cuanto a su imparcialidad si, una vez nombrados, no están sometidos a presión alguna y no reciben instrucciones en el ejercicio de sus funciones. Reiteraba lo ya indicado respecto a la previa intervención del Consejo Nacional del Poder Judicial, destacando la necesidad de comprobar el alcance del control judicial de dicha intervención, en la medida en que, por su parte, las decisiones de nombramiento del presidente de la República no pueden ser objeto de un control de este tipo. Además, volvió a incidir en una cuestión, a mi juicio, crucial, y es que la apreciación aislada de algunas medidas formuladas en la ley (por ejemplo, que esta Sala esté integrada exclusivamente por jueces de nuevo nombramiento) no pueden poner en duda la independencia de esta Sala, pero si se las considera de manera conjunta, tal apreciación podría cambiar.

---

[25]   Sentencia del Tribunal de Justicia (Gran Sala) de 19 de noviembre de 2019, *A.K. (Independencia de la Sala Disciplinaria del Tribunal Supremo)*, asuntos acumulados C-585/18, C-624/18 y C-625/18, ECLI:EU:C:2019:982.

no cabría decir lo mismo, en cambio, si se los considera conjuntamente. Por tanto, el Tribunal dejaba en manos del órgano jurisdiccional remitente la apreciación, tomando en consideración todos los datos pertinentes de que disponga, si estos pueden dar lugar a una falta de apariencia de independencia o de imparcialidad de la nueva Sala Disciplinaria del Tribunal Supremo susceptible de menoscabar la confianza que la Administración de Justicia debe inspirar en los justiciables en una sociedad democrática. Si fuera así, el Tribunal recordaba que el principio de primacía del Derecho de la Unión le obliga a dejar inaplicada la disposición del Derecho nacional que reserva a la referida Sala Disciplinaria la competencia exclusiva para conocer de los litigios relativos a la jubilación forzosa de los jueces del Tribunal Supremo, permitiendo que puedan ser examinados por un órgano jurisdiccional que satisfaga las exigencias de independencia y de imparcialidad y que sería competente en el ámbito en cuestión si dicha disposición no se opusiera a ello.

En relación directa con este asunto, el 8 de abril de **2020**, el Tribunal de Justicia, constituido en Gran Sala, publicó el auto de medidas provisionales *Comisión/Polonia* (**C-791/19 R, EU:C:2020:277**) y ordenó a la República de Polonia que suspendiera con carácter inmediato la aplicación de las disposiciones nacionales que constituían el fundamento de la competencia de la Sala Disciplinaria del Sąd Najwyższy (Tribunal Supremo, Polonia) para conocer de los procedimientos disciplinarios relativos a los jueces y que se abstuviera de trasladar los asuntos pendientes ante la Sala Disciplinaria pues no satisfacía las exigencias de independencia anteriormente expuestas en la sentencia *A. K. y otros*.

La demanda de medidas provisionales se había presentado en el marco de un recurso por incumplimiento interpuesto por la Comisión Europea en octubre de 2019 con el objeto de que se declarara que Polonia había incumplido las obligaciones que le incumben en virtud del artículo 19 TUE, apartado 1 (párrafo segundo) y en relación con el artículo 267 TFUE (párrafos segundo y tercero), al adoptar el nuevo régimen disciplinario de los jueces del Tribunal Supremo y de los tribunales ordinarios. En concreto, a raíz de la sentencia *A. K.*, la Sala de lo Laboral y de la Seguridad Social del Tribunal Supremo, resolviendo sobre los asuntos que dieron lugar a dicha sentencia, declaró, en sentencias de 5 de diciembre de 2019 y de 15 de enero de 2020, que, habida cuenta de las condiciones en que se creó, del alcance de sus potestades, de su composición y de la intervención del CNPJ en su constitución, no podía considerarse que la Sala Disciplinaria fuese un tribunal a los efectos tanto del Derecho de la Unión como del Derecho polaco. No obstante, la Sala Disciplinaria siguió ejerciendo sus funciones jurisdiccionales.

Ante esta situación, el TJUE, en primer lugar, desestima la excepción de inadmisibilidad planteada por la República de Polonia, y en atención al artículo 19.1 TUE, se declara competente para ordenar, en el marco de un recurso por incumplimiento mediante el que se cuestiona la compatibilidad con el Derecho de la Unión de unas disposiciones nacionales rectoras del régimen disciplinario aplicable a los jueces competentes para pronunciarse sobre cuestiones comprendidas en el Derecho de la Unión, medidas provisionales de suspensión de la aplicación de tales disposiciones.

Dichas medidas, tal y como ya estableció este Tribunal en el **asunto Comisión/ Polonia (C-619/18 R, EU:C:2018:1021),** se adoptarán si están justificadas (a primera vista) desde el punto de vista fáctico y jurídico (*fumus boni iuris*) y si es urgente su concesión. Se trata de evitar que los intereses de la parte demandante sufran un perjuicio grave e irreparable, y por ello es necesario que tal medida sea acordada y surta efectos desde antes de que se resuelva sobre el procedimiento principal.

En este caso, el TJUE, sin pronunciarse sobre el fundamento de las alegaciones formuladas por las partes en el marco del recurso por incumplimiento, determinó que a la vista de los elementos fácticos esgrimidos por la Comisión y de los elementos de interpretación que proporcionaban la **sentencia *Comisión/Polonia* (Independencia del Tribunal Supremo)** y la **sentencia *A. K.*,** las alegaciones relativas a la falta de garantía de independencia y de imparcialidad de la Sala Disciplinaria no carecían de fundamento. En consecuencia, ponderando los intereses en juego, el TJUE se mostró favorable a la concesión de las medidas provisionales solicitadas por la Comisión, señalando en particular que la concesión de estas medidas no entrañaría la disolución de la Sala Disciplinaria, sino meramente la suspensión provisional de su actividad hasta que se dictase la sentencia definitiva. Esta medida implicaría que la tramitación de los asuntos pendientes de resolución ante la Sala Disciplinaria hubiera de suspenderse hasta que se dictase la sentencia definitiva, sin embargo, el perjuicio resultante de la suspensión de dichos asuntos para los justiciables sería menor que el resultante de su examen por un órgano cuya falta de independencia e imparcialidad no puede, a primera vista, excluirse.

Este único asunto del 2020 contrasta con la intensa actividad del año **2021** ya que el TJUE se pronunció en varias ocasiones sobre cuestiones relativas a los valores fundamentales de la Unión Europea consagrados en el artículo 2 TUE. De entre ellas destacan cuatro relativas a las reformas judiciales en Polonia.

En la primera sentencia, la **Sentencia de 2 de marzo de 2021 (Gran Sala), *A.B. y otros (Nombramiento de los jueces del Tribunal Supremo — Recursos)* (C-824/18, EU:C:2021:153),** se trata de resolver una cuestión prejudicial que inicialmente se había planteado como consecuencia de la adopción, en agosto de 2018, de una serie de resoluciones por parte del Consejo Nacional del Poder Judicial de Polonia (en lo sucesivo, «CNPJ») que decidió no presentar al Presidente de la República de Polonia propuestas de nombramiento de cinco personas (en lo sucesivo, «recurrentes») para ocupar ciertas plazas de juez del Sąd Najwyższy (Tribunal Supremo, Polonia) y presentar a otros candidatos para estas plazas. Los recurrentes interpusieron recurso contra dichas resoluciones ante el Naczelny Sąd

Administracyjny (Tribunal Supremo de lo Contencioso-Administrativo, Polonia), el órgano jurisdiccional remitente[26].

En la fecha en que se interpusieron dichos recursos regía la Ley del Consejo Nacional del Poder Judicial (en lo sucesivo, «Ley del CNPJ») que fue modificada en de julio de 2018. Conforme a ese régimen, se establecía, por un lado, que, si la resolución del CNPJ de que se tratara no era impugnada por todos los participantes en el procedimiento de nombramiento para una plaza de juez del Tribunal Supremo, adquiría firmeza con respecto al candidato propuesto para cubrir la plaza, de manera que el Presidente de la República podía nombrarlo. Además, la eventual anulación de tal resolución a raíz del recurso interpuesto por un participante que no hubiera sido propuesto para el nombramiento no podía dar lugar a que se volviera a apreciar la situación de este a los efectos de la eventual atribución de la plaza convocada. Por otro lado, conforme a dicho régimen, tal recurso no podía fundarse en un motivo basado en la incorrecta valoración del cumplimiento por parte de los candidatos de los criterios tomados en consideración al decidir sobre la presentación de la propuesta de nombramiento. En su petición de decisión prejudicial inicial, el órgano jurisdiccional remitente, al considerar que ese régimen excluye en la práctica toda efectividad del recurso interpuesto por un participante que no haya sido propuesto para el nombramiento, decidió consultar al Tribunal de Justicia sobre la conformidad de dicho régimen con el Derecho de la Unión[27].

Con posterioridad a la presentación de la petición de decisión prejudicial inicial, la Ley del CNPJ volvió a modificarse en 2019, suprimiéndose la posibilidad de interponer recurso contra las resoluciones del CNPJ referidas a la presentación o no presentación de candidatos para el nombramiento a plazas de juez del Tribunal Supremo y se decretó el sobreseimiento por mandato legal de tales recursos que estuvieran pendientes de resolución, privando de hecho al órgano jurisdiccional remitente de su competencia para resolver este tipo de recursos y de la posibilidad de obtener una respuesta a las cuestiones prejudiciales que había planteado al Tribunal de Justicia.

Dadas estas circunstancias, el órgano jurisdiccional remitente, mediante una petición de decisión prejudicial complementaria, consultó al Tribunal de Justicia sobre la conformidad de este nuevo régimen con el Derecho de la Unión. En concreto, la vulneración de los artículos 19.1 y 4 TUE, en relación con el artículo 267 TFUE.

Comenzando por esta última cuestión prejudicial que enjuicia las medidas emprendidas por la modificación de 2019, el TJUE incide en la obligación de los

---

[26]   Ver: https://curia.europa.eu/jcms/upload/docs/application/pdf/2022-08/ra_jur_2021_es.pdf
[27]   Consultar: https://curia.europa.eu/juris/document/document.jsf?text=&docid=238382&pageIndex=0&doclang=ES&mode=lst&dir=&occ=first&part=1&cid=791904

Estados miembros de establecer las vías de recurso necesarias para garantizar a los justiciables su derecho a la tutela judicial efectiva en los ámbitos cubiertos por el Derecho de la Unión (artículo 19.1 TUE), pudiendo oponerse a estas modificaciones legislativas por generar dudas legítimas sobre la impermeabilidad de los jueces nombrados frente a elementos externos y dando lugar a una falta de apariencia de independencia o de imparcialidad de esos jueces susceptible de menoscabar la confianza en la Administración de Justicia.

Para alcanzar esta conclusión, el Tribunal de Justicia recuerda que las garantías de independencia e imparcialidad que impone el Derecho de la Unión exigen la existencia de reglas que rijan el nombramiento de los jueces. De ahí que ponga en duda que el CNPJ ofrezca garantías de independencia suficientes, y exija la existencia de un recurso judicial a disposición de los candidatos no seleccionados ya que resultaría necesaria para contribuir a preservar el proceso de nombramiento de los jueces frente a influencias directas o indirectas y evitar en último término que puedan generarse dudas sobre su independencia e imparcialidad. Por todo ello, el TJUE declara que, si el órgano jurisdiccional remitente llega a la conclusión de que la adopción de las modificaciones legislativas de 2019 se produjo infringiendo el Derecho de la Unión, el principio de primacía de este Derecho lo obliga a dejarlas inaplicadas, sean de origen legislativo o constitucional, y a seguir ejerciendo la competencia que tenía atribuida para resolver los litigios que se habían instado ante él antes de que se produjeran dichas modificaciones.

Respecto a la primera cuestión prejudicial planteada y que queda referida a las modificaciones legislativas acometidas en Polonia en 2018, el TJUE subraya que las disposiciones nacionales referidas al recurso judicial disponible en el contexto del proceso de nombramiento para plazas de juez del Tribunal Supremo pueden resultar problemáticas a la luz de las exigencias que impone el Derecho de la Unión cuando neutralizan la efectividad del recurso existente hasta entonces. Y es que, en opinión del Tribunal, el recurso en cuestión ha quedado desprovisto de toda efectividad real y solo ofrece una apariencia de recurso judicial. Si a ello le añadimos la valoración de los elementos contextuales relacionados con el conjunto de las demás reformas que han afectado al Tribunal Supremo y al CNPJ, la conclusión a la que llega el Tribunal es evidente aunque debe de ser el órgano jurisdiccional remitente el que determine si las modificaciones legislativas de 2018 contravienen el Derecho de la Unión, y en tal caso, le corresponderá, en virtud del principio de primacía de este Derecho, dejarlas inaplicadas y aplicar en su lugar las disposiciones nacionales anteriores vigentes, ejerciendo el control previsto en estas últimas.

En la segunda sentencia, la **Sentencia de 15 de julio de 2021 (Gran Sala), *Comisión/Polonia (Régimen disciplinario de los jueces)* (C-791/19, EU:C:2021:596)**, es la Comisión Europea la que presenta un recurso por incumplimiento ante el Tribunal de Justicia por la aprobación de un nuevo régimen disciplinario relativo a los jueces del Sąd Najwyższy (Tribunal Supremo, Polonia) y de los tribunales ordinarios. En concreto, tras la reforma legislativa de 2017, se crea en el Tribunal Supremo una nueva sala, la Izba Dyscyplinarna (en lo sucesivo, «Sala Disciplinaria») a la que se le atribuyen los asuntos disciplinarios relativos a los jueces del Tribunal Supremo y, en apelación, los relativos a los jueces de los tribunales ordinarios.

Ante esta medida, la Comisión sostiene que ese régimen disciplinario no garantiza ni la independencia ni la imparcialidad de la Sala Disciplinaria ya que está integrada exclusivamente por jueces seleccionados por la Krajowa Rada Sądownictwa (Consejo Nacional del Poder Judicial, Polonia; «CNPJ») y que, en este Consejo, 23 de sus 25 miembros son designados por las autoridades políticas.

El TJUE, constituido en Gran Sala, estima el recurso por incumplimiento interpuesto por la Comisión sobre la base de dos cuestiones especialmente relevantes.

En primer lugar, el Tribunal de Justicia deciara que este nuevo régimen disciplinario de los jueces menoscaba su independencia ya que la Sala Disciplinaria conformada en virtud de lo que establece la reforma legislativa de 2017, no les garantiza que los procedimientos disciplinarios incoados contra ellos sean controlados por un órgano que presente garantías de imparcialidad e independencia. Por tanto, no se garantiza que se pueda evitar el riesgo de utilización de tal régimen como un sistema de control político del contenido de las resoluciones judiciales, especialmente cuando este nuevo régimen disciplinario no satisface las exigencias de claridad y precisión en cuanto a las conductas que pueden generar su responsabilidad, a los plazos razonables para su resolución y a la facultad discrecional atribuida al Presidente de la Sala Disciplinaria para designar al tribunal disciplinario competente en primera instancia en los procedimientos disciplinarios seguidos contra los jueces de los tribunales ordinarios.

En segundo lugar, el TJUE estima que el régimen disciplinario establecido, no permite a los jueces afectados cumplir, con plena independencia, las obligaciones que se les imponen en el marco del mecanismo de remisión prejudicial. De este modo, Polonia ha incumplido las obligaciones que le incumben en virtud del artículo 267 TFUE, párrafos segundo y tercero.

En la tercera sentencia analizada en el año 2021, la **Sentencia de 6 de octubre de 2021 (Gran Sala),** *W.Ż. (Sala de Control Extraordinario y de Asuntos Públicos del Tribunal Supremo — Nombramiento)* **(C-487/19, EU:C:2021:798)**, se vuelve a plantear otra cuestión prejudicial, en este caso se enjuicia la recusación planteada por un juez (W.Z) ante el Sąd Najwyższy (Izba c ywilna) [Tribunal Supremo (Sala de lo Civil), Polonia], debida al nombramiento por el Presidente de la República de un nuevo juez para la Sala de Control sobre la base de la resolución n.º 331/2018 del CNPJ. Este nuevo juez, en formación de juez único, sin disponer de los autos y sin oír a W.Ż., dictó un auto mediante el que desestimó por inadmisible el recurso que W.Ż.

había interpuesto contra la resolución de sobreseimiento del CNPJ (el CNPJ desestimó el recurso presentado por W.Z por traslado de un tribunal a otro sin su consentimiento).

En consecuencia, el órgano jurisdiccional remitente preguntó al Tribunal de Justicia si un juez nombrado en tales circunstancias puede calificarse de juez independiente, imparcial y establecido previamente por la ley, a los efectos, en particular, del artículo 19 TUE, 14 apartado 1, párrafo segundo, y le pidió que especificara las consecuencias que la constatación de la carencia de tal condición podría tener para el auto controvertido.

El TJUE recuerda que, en virtud del artículo 19.1 del TUE, la exigencia de independencia judicial obliga a que el régimen aplicable a los traslados de los jueces sin su consentimiento presente las garantías necesarias para evitar que se ponga en peligro dicha independencia mediante intervenciones externas directas o indirectas. Así pues, tales medidas de traslado, que solo pueden adoptarse por razones legítimas relacionadas, en particular, con el reparto de los recursos disponibles, deben poder ser impugnadas judicialmente conforme a un procedimiento que garantice plenamente el derecho de defensa del juez afectado.

Ante las circunstancias descritas en el caso, el TJUE advierte que el nombramiento del juez de la Sala de Control violó la resolución firme del Tribunal Supremo de lo Contencioso-Administrativo por la que se ordenó suspender la ejecución de la resolución n.º 331/2018 del CNPJ, y sin esperar a que recayera la sentencia del Tribunal de Justicia en el **asunto *A.B. y otros (Nombramiento de jueces al Tribunal Supremo — Recursos)* (C-824/18)**, menoscabó la efectividad del sistema de remisión prejudicial instaurado por el artículo 267 TFUE ya que cuando se realizó dicho nombramiento, la respuesta del TJUE podía conllevar al Tribunal Supremo de lo Contencioso-Administrativo a tener que anular íntegramente, en su caso, la resolución n.º 331/2018 del CNPJ.

Por todo ello, el TJUE declara que, en virtud del principio de primacía del Derecho de la Unión y de la aplicación del artículo 19.1 TUE, un tribunal nacional que conoce de una recusación como la del litigio principal debe, cuando tal consecuencia sea indispensable en vista de la situación procesal en cuestión para garantizar la primacía del Derecho de la Unión, reputar nulo y sin efecto un auto como el controvertido, si del conjunto de condiciones y circunstancias en las que se desarrolló el proceso de nombramiento del juez que lo dictó resulta que no constituye un juez independiente e imparcial, establecido previamente por la ley, a los efectos de esa disposición.

Por último, la cuarta sentencia, la Sentencia **de 16 de noviembre de 2021 (Gran Sala), *Prokuratura Rejonowa w Mińsku Mazowieckim y otros* (C-748/19 a C-754/19, EU:C:2021:931),** tiene también su origen en una cuestión prejudicial planteada por el Tribunal Regional de Varsovia, Polonia, en el marco de la resolución de siete causas pendientes ante él y como consecuencia de la composición de los órganos de enjuiciamiento que deben pronunciarse sobre dichas causas, ya que forma parte de ellos un juez que ha sido adscrito en comisión de servicio por decisión del Ministro de Justicia con arreglo a la Ley de Organización de los Tribunales Ordinarios[28].

Se enjuicia, por tanto, si las normas polacas relativas a la adscripción de jueces en comisión de servicio pueden contravenir el artículo 19.1 TUE, y si vulneran la presunción de inocencia aplicable en los procesos penales en virtud, en particular, de la Directiva (UE) 2016/343 del Parlamento Europeo y del Consejo, de 9 de marzo de 2016, por la que se refuerzan en el proceso penal determinados aspectos de la presunción de inocencia y el derecho a estar presente en el juicio.

Mediante su sentencia, dictada en Gran Sala, el Tribunal de Justicia declara que el artículo 19 TUE, apartado 1, párrafo segundo, interpretado a la luz del artículo 2 TUE, y la Directiva (UE) 2016/343 19 se oponen a unas disposiciones nacionales conforme a las cuales el Ministro de Justicia de un Estado miembro puede, con arreglo a criterios que no se publican, por un lado, adscribir a un juez en comisión de servicio a un tribunal de lo penal de grado superior por tiempo determinado o indefinido y, por otro lado, revocar tal comisión de servicio, en cualquier momento y mediante una decisión que no se motiva, con independencia de que se haya conferido por tiempo determinado o indefinido.

En definitiva, el Tribunal declara que, en el presente caso y en las circunstancias descritas, la independencia y la imparcialidad de los jueces y, en consecuencia, la presunción de inocencia pueden verse comprometidas.

Este escenario de importantes desafíos al Estado de Derecho por parte de Polonia se ha mantenido en el tiempo, de modo que, durante el año 2022, el TJUE tuvo también un relevante protagonismo. Durante ese año, el Tribunal también se caracterizó por tener una intensa actividad pues se plantearon 806 asuntos. Principalmente se trataron de peticiones de decisión prejudicial y de recursos de casación que, con 546 y 209 asuntos respectivamente, representaron por sí solos el 93% de todos los asuntos incoados en 2022[29]. En lo que respecta a los 78 asuntos resueltos por la Gran Sala, dos de ellos relativos al vínculo entre el respeto del Estado de Derecho y la ejecución presupuestaria de la Unión, fueron resueltos por el Pleno. Se trata de los **asuntos C-156/21**[30], **Hungría/Parlamento y Consejo, y C-157/21, Polonia/Parlamento y Consejo** que analizaremos a continuación[31].

---

[28] *Ustawa Prawo o ustroju sądów powszechnych* (Ley de Organización de los Tribunales Ordinarios), de 27 de julio de 2001.

[29] Informe anual 2022-Panorámica del año/Actividad judicial, p. 27.

[30] Ver: https://curia.europa.eu/juris/document/document.jsf?text=&docid=254063&pageIndex=0&doclang=ES&mode=req&dir=&occ=first&part=1&cid=236360

[31] Sentencias del Tribunal de Justicia (Pleno) de 16 de febrero de 2022, *Hungría c. Parlamento y Consejo*, C-156/21, ECLI:EU:C:2022:97, y *Polonia c. Parlamento y Consejo*, C-157/21, ECLI:EU:C:2022:98.

En ambas sentencias se resuelve la impugnación de Hungría y Polonia al Reglamento 2020/2092 del Parlamento Europeo y del Consejo que supedita la percepción de financiación con cargo al presupuesto de la Unión al respeto por los Estados miembros de los principios del Estado de Derecho[32]. Este Reglamento permite al Consejo que, al término de una investigación llevada a cabo por la Comisión, adopte una serie de medidas para proteger el presupuesto de la Unión y sus intereses financieros cuando tales vulneraciones puedan perjudicarlos.

En concreto, la amenaza a la vulneración del Estado de Derecho puede provenir de una falta de garantías por parte de los Estados miembros en la buena gestión financiera si, por ejemplo, las autoridades públicas no actúan conforme a Derecho, las violaciones del Derecho no son efectivamente perseguidas o existen decisiones arbitrarias o ilícitas fuera de un control efectivo por parte de un poder judicial independiente e imparcial.

Es por tanto comprensible que el Tribunal de Justicia advirtiera la excepcional importancia de estos asuntos y, en consecuencia, fueran juzgados por el Pleno que, el 16 de febrero de 2022, desestimó los recursos interpuestos por Hungría y Polonia.

De las sentencias se pueden destacar cinco aspectos, a mi juicio, reseñables:

En primer lugar, el Tribunal incide, de nuevo (en directa conexión con los asuntos C-64/16, C-791/19, C-896/19, etc.), en destacar que el Estado de Derecho como valor común que define la identidad de la Unión y su ordenamiento jurídico no sólo es un requisito de adhesión sino una obligación de resultado para los Estados miembros, de tal forma que la pertenencia a la Unión condiciona el disfrute de todos los derechos derivados de la aplicación de los tratados. El Tribunal de Justicia precisa sobre este extremo, por una parte, que el respeto de estos valores no puede reducirse a una obligación a la que esté sujeto un Estado candidato para adherirse a la Unión y de la que pueda eximirse tras su adhesión. Por otra parte, subraya que el presupuesto de la Unión es uno de los principales instrumentos que permiten concretar, en las políticas y acciones de la Unión, el principio fundamental de solidaridad entre los Estados miembros y que la aplicación de este principio, mediante dicho presupuesto, se basa en la confianza mutua que ellos tienen en la utilización responsable de los recursos comunes consignados en el citado presupuesto.

En segundo lugar, el Tribunal de Justicia declara que el régimen establecido por el Reglamento impugnado está comprendido en el concepto de normas financieras por las que se determinan, en particular, las modalidades de ejecución del presu-

---

[32]   Reglamento (UE, Euratom) 2020/2092 del Parlamento Europeo y del Consejo, de 16 de diciembre de 2020, sobre un régimen general de condicionalidad para la protección del presupuesto de la Unión (DO 2020, L 433I, p. 1; corrección de errores en DO 2021, L 373, p. 94).

puesto de la Unión (art.322 del TFUE). En consecuencia, el Reglamento ha sido correctamente adoptado sobre esta base jurídica.

En tercer lugar, el Tribunal de Justicia recalca que el mecanismo de condicionalidad no elude el procedimiento previsto en el artículo 7 del Tratado de la UE, ya que ambos procedimientos persiguen fines diferentes y tienen un objeto distinto. En concreto, el artículo 7 TUE permite intervenir en caso de violación grave y persistente de cualquiera de los valores en los que se fundamenta la Unión y en caso de riesgo claro de tal violación, mientras que el Reglamento impugnado solo es aplicable a las vulneraciones de los principios del Estado de Derecho y únicamente si existen motivos razonables para considerar que dichas vulneraciones tienen repercusiones presupuestarias.

En cuarto lugar, el Tribunal de Justicia desestima la alegación de que los principios del Estado de Derecho carecen de contenido material específico en el Derecho de la Unión. A este respecto, el Tribunal de Justicia señala, en primer lugar, que los principios que figuran en el Reglamento impugnado como elementos constitutivos del concepto de «Estado de Derecho» han sido ampliamente desarrollados en su jurisprudencia; que dichos principios emanan de los valores comunes reconocidos y aplicados también por los Estados miembros en sus propios ordenamientos jurídicos, y que derivan de un concepto de «Estado de Derecho» que los Estados miembros comparten y al cual se adhieren como valor común a sus tradiciones constitucionales. Por consiguiente, el Tribunal de Justicia considera que los Estados miembros están en condiciones de determinar con suficiente precisión el contenido esencial y los requisitos que se derivan de cada uno de estos principios.

En quinto lugar, también el Tribunal de Justicia no atiende a la alegación de Hungría y Polonia respecto a que las Facultades atribuidas por el Reglamento a la Comisión y al Consejo son demasiado amplias. En concreto, ambos Estados entienden que la aplicación del mecanismo de condicionalidad exige que se acredite un vínculo real entre una vulneración de un principio del Estado de Derecho y una afectación o una amenaza de grave afectación de la buena gestión financiera de la Unión. En este sentido, el Tribunal de Justicia precisa que el Reglamento impugnado cumple con los requisitos de seguridad jurídica ya que exige, para la adopción de las medidas de protección que prevé, que se acredite un vínculo real entre la vulneración de un principio del Estado de Derecho y una afectación o amenaza de grave afectación de la buena gestión financiera de la Unión o de sus intereses financieros, y que tal vulneración debe referirse a una situación o actuación imputable a una autoridad de un Estado miembro que sea pertinente para la correcta ejecución del presupuesto de la Unión. Además, señala que el concepto de «amenaza» se detalla en la normativa financiera de la Unión y recuerda que las medidas de protección que pueden adoptarse deben ser estrictamente proporcionadas a la repercusión que tenga la vulneración constatada sobre el presupuesto de la Unión. En particular, según el Tribunal de Justicia, estas medidas podrán tener por objeto acciones y programas distintos de los afectados por tal vulneración solo en el grado que sea estrictamente necesario para lograr el objetivo de proteger dicho presupuesto en su conjunto. Por último, al declarar que la Comisión debe respetar, bajo el control del juez de la Unión, estrictos requisitos de procedimiento que implican, en particular, realizar varias consultas al Estado miembro de que se trate, el Tribunal de Justicia concluye que el Reglamento impugnado satisface las exigencias del principio de seguridad jurídica.

También cabe destacar que, el 29 de marzo de 2022[33], el Tribunal de Justicia dio respuesta a una cuestión prejudicial planteada por el Sad Najwyzszy (Tribunal Supremo de Polonia), declarando que el mero hecho de que un juez haya sido nombrado en una época en la que el Estado miembro en el que ejerce su cargo aún no era un sistema democrático no pone en entredicho la independencia e imparcialidad de dicho juez respecto del ejercicio de sus funciones jurisdiccionales posteriores. En particular, las circunstancias que rodearon su primer nombramiento no pueden, por si solas, suscitar dudas legítimas y auténticas en el ánimo de los justiciables.

Finalmente se debe señalar que, lejos de quedar apaciguada la situación, en los próximos años se van a presentar interesantes aportaciones jurisprudenciales. Como muestra basta referirse a la noticia de que la Comisión Europea decidió el 15 de febrero de 2023 llevar a Polonia ante el Tribunal de Justicia de la Unión Europea por violaciones de la legislación de la UE por parte del Tribunal Constitucional de Polonia y su jurisprudencia[34]. Estaremos a la espera.

3. Reflexiones finales

Los actuales desafíos al Estado de Derecho en el seno de la UE han abierto el debate sobre los mecanismos arbitrados por las distintas instituciones europeas para garantizarlo.

El valor del Estado de Derecho propugnado en el artículo 2 del TUE es jurídicamente vinculante para todos los Estados miembros ya que, en el sistema jurídico de la Unión, los valores son prescriptivos, tienen contenidos concretos y producen efectos jurídicos en toda la extensión del término.

Asimismo, el carácter institucional de los valores consagrados en este artículo, sirven de fundamento de la Unión y por ello, el TJUE es siempre competente para protegerlos a través de los procedimientos jurídicamente establecidos.

---

[33] Sentencia del Tribunal de Justicia de 29 de marzo de 2022, *Getin Noble Bank*, C-132/20, ECLI:EU:C:2022:235.

[34] Ver: https://elpais.com/internacional/2023-02-15/bruselas-lleva-a-polonia-ante-la-justicia-europea-por-primar-el-derecho-nacional-sobre-el-europeo.html

En este sentido, en los últimos años, el TJUE ha jugado un importante papel como motor del proceso de consolidación del derecho en el seno de la UE. Ha subrayado que el artículo 19 TUE, se refiere con mayor concreción al valor de Estado de Derecho proclamado en el artículo 2 TUE, atribuyendo el cometido de garantizar el control judicial en el ordenamiento jurídico de la Unión no solo al Tribunal de Justicia, sino también a los tribunales nacionales.

Ha señalado que la garantía de independencia vinculada al Estado de Derecho, no sólo se impone en el ámbito de la Unión, sino también en el ámbito de los Estados miembros, en lo que respecta a los jueces y tribunales nacionales. Este concepto de independencia supone, entre otras cosas, que el órgano en cuestión ejerza sus funciones jurisdiccionales con plena autonomía, sin estar sometido a ningún vínculo jerárquico o de subordinación respecto a terceros y sin recibir órdenes ni instrucciones de ningún tipo, cualquiera que sea su procedencia, de tal modo que quede protegido de injerencias o presiones externas que puedan hacer peligrar la independencia de sus miembros a la hora de juzgar o que puedan influir en sus decisiones.

Además, la necesidad de independencia de los tribunales, inherente a la función jurisdiccional, está integrada en el contenido esencial del derecho a la tutela judicial efectiva y del derecho a un proceso equitativo, que reviste una importancia capital como garante de la protección del conjunto de los derechos que el Derecho de la Unión confiere a los justiciables y de la salvaguarda de los valores comunes de los Estados miembros proclamados en el artículo 2 TUE, en particular el valor del Estado de Derecho.

Por último, el TJUE también destaca que incumbe a todo Estado miembro garantizar que el régimen disciplinario aplicable a los jueces de los órganos jurisdiccionales nacionales que forman parte de su sistema de vías de recurso en los ámbitos cubiertos por el Derecho de la Unión respete el principio de independencia judicial. Así, debe garantizarse en particular que las resoluciones que se dicten en el marco de los procedimientos disciplinarios seguidos contra los jueces de dichos órganos jurisdiccionales sean controladas por un órgano que satisfaga las garantías inherentes a la tutela judicial efectiva, entre ellas la de independencia.

En definitiva, el TJUE desarrolla una jurisprudencia que vincula la independencia del poder judicial con el valor del Estado de Derecho dotándolo de un contenido justiciable fundamental y esencial para el devenir de la «Comunidad de Derecho» de la UE.

4. REFERENCIAS BIBLIOGRÁFICAS

CORTÉS MARTÍN, J. M., «Sorteando los inconvenientes del artículo 7 TUE: el advenimiento del control jurisdiccional del Estado de derecho», en *Revista de Derecho Comunitario Europeo*, n. 66, 2020.

FREIXES SANJUÁN, T., «La juridificación de los valores y la igualdad como valor en la Unión Europea», en *Igualdad y democracia: el género como categoría de análisis jurídico: estu-

dios en homenaje a la profesora Julia Sevilla, Cortes Valencianas, Valencia, 2014.

HÄBERLE, P., «Derecho constitucional común europeo», traducción de Mikunda Fanco, E., *Revista de Estudios Políticos (Nueva Época)*, n. 79, 1993.

LÓPEZ AGUILAR, J. F., «De nuevo (y todavía) Polonia: "Rule of law" y art.7 TUE en el Parlamento Europeo y el Tribunal de Justicia», en *Teoría y realidad constitucional*, n.º 44, 2019.

MIGUEL BÁRCENA, J. de, «La defensa de la democracia en Europa y en España. Viejos y nuevos desafíos», en VVAA., *La protección del orden constitucional en Europa*, Grupo del Partido Popular europeo, 2021.

STEIBLE, B., «Tribunal de Justicia de la Unión, tribunales nacionales y salvaguardia del Estado de Derecho en la UE», en *ReDCE* núm. 35, 2021.

TRUYOL Y SERRA, A., *La integración europea. Idea y realidad*, Tecnos, Madrid, 1972.

CAPÍTULO IV
DIMENSIONES DE GÉNERO EN LA APROXIMACIÓN A LA JUSTICIA

Cristina Benlloch Domènech

Profesora Titular de Sociología
Departamento de Sociología y Antropología Social
Universitat de València

SUMARIO: 1. INTRODUCCIÓN. 2. LA APLICACIÓN DE LA JUSTICIA DESDE UNA PERSPECTIVA DE GÉNERO. 3.LA PRESENCIA DE LAS MUJERES EN LA JUSTICIA. 4. EL LENGUAJE EN EL DERECHO. 5. CONCLUSIONES. 6. RECURSOS BIBLIOGRÁFICOS.

1. INTRODUCCIÓN

El género es una variable fundamental a la hora de tomar decisiones jurídicas. Los hombres y mujeres parten de una situación diferenciada y desigual. De hecho, las decisiones judiciales pueden variar en función a si las personas encargadas de administrar la justicia tienen adquirida esta perspectiva.

Tal como afirma Poyatos Matas[1]: «Una sociedad que mide con el mismo rasero a los desiguales genera más desigualdad». La perspectiva de género no es una ideología, esta misma autora (Poyatos) considera que una ideología deja de serlo cuando se integra en el derecho, esta es la situación en la que se encuentra la perspectiva de género desde que fuera una reivindicación de las feministas hasta el momento en el que se han integrado sus demandas en el ordenamiento jurídico y atraviesan las normas[2].

La perspectiva de género, trasversalidad del género o *maestreaming de género*[3], fue mencionado por primera vez en el discurso de las Naciones Unidas en 1975, e

---

[1] POYATOS MATAS, G., *Juzgar con perspectiva de género: una metodologia vinculante de justicia equitativa judging with gender perspective: a binding equitable justice methodology*. 2019, n. 2, pp. 1-21. https://doi.org/10.6018/iQual.341501

[2] POYATOS MATAS, *op. cit.*

[3] Se entiende por tal «(…) la organización (la reorganización), la mejora, el desarrollo y la evaluación de los procesos políticos, de modo que una perspectiva de igualdad de género se incorpore en todas las políticas, a todos los niveles y en todas las etapas, por los actores normalmente involucrados en la adopción de medidas políticas». Instituto de las mujeres 1998 citado por Lombardo.

integrado de forma explícita en la Plataforma para la Acción de la Cuarta Conferencia Mundial sobre Mujeres de Naciones Unidas de Pekín en 1995 requiriendo a los gobiernos y diferentes actores a promocionar una política activa y visible desde esta perspectiva en todas las políticas y programas, para tomar decesiones con un análisis de impacto y preciso sobre los efectos producidos en sus decisiones para la igualdad de hombres y mujeres[4]. Se trataba de ir al fondo de las cuestiones, para trabajar con la raíz de la desigualdad[5].

En Europa, en la Decisión 95/593/CEE del Consejo de 22 de diciembre de 1995 se pasó a considerar el «mainstreaming» finalidad del programa. Y el grupo de personas expertas consideró en aquel momento que: 1) el concepto de igualdad de género era más amplio que el que se tenía en cuenta pasando de considerar la igualdad una cuestión de *jure* a una de *facto; 2)* que la perspectiva de género debía ser dominante en la agenta política; 3) que había que incluir a las mujeres en las instituciones y en los procesos de decisión[6]; 4) se debía establecer prioridad a las políticas de género y que tuvieran relevancia para las mujeres; 5) establecer un cambio de cultura en las instituciones y su forma organizativa (a destacar procesos, mecanismos y actores)[7, 8].

Así, en las decisiones que se van a materializar se hace necesario tener en consideración como se vería afectada la posición social de hombres y mujeres. En ocasiones el Tribunal de Justicia de la Unión Europea, tal como se verá contribuye a reducir estas desigualdades atendiendo a la situación diferenciada que se produce entre hombres y mujeres.

El punto de partida es considerar que las políticas y las cuestiones judiciales, entre otras, no son neutrales de facto, si no que en ocasiones lo que venía a hacer era consolidar las desigualdades existentes entre los hombres y las mujeres.[9] Esta consideración puede ser tomada, bajo nuestro punto de vista también a otras variables demográficas como el lugar de residencia o la edad, pero el género es una cuestión trasversal, como se ha venido diciendo.

---

[4]   Fue un punto de partida muy relevante, tal como se sabe, dado que fue asumido por 189 países, constituyendo un programa para el empoderamiento de las mujeres.

[5]   REY ARAMENDÍA, M., «Mainstream de género», *Eunomía: Revista en Cultura de la Legalidad,* n. 19, 2020, pp. 331-341, https://doi.org/10.20318/EUNOMIA.2020.5715

[6]   La Decisión de la Comisión 2000/407 recomienda que la participación de las mujeres debería ser al menos del 40%.

[7]   Para un mayor detalle de las aplicaciones del *maestreaming de género* se puede consultar el texto de REY ARAMENDÍA, *op. cit.*

[8]   LOMBARDO, E., «El mainstreaming: la aplicación de la transversalidad en la Unión Europea», *Aequalitas: Revista jurídica de igualdad de oportunidades entre mujeres y hombres,* n.º 13, 2003, pp. 6-11.

[9]   POYATOS MATAS, *op. cit.*

Después de lo narrado se deja entrever que el género en la justicia puede ser tenido en cuenta desde diferentes aproximaciones. Se podrían mencionar algunas de ellas como: la inclusión de la perspectiva de género a la hora de tomar decisiones judiciales; o bien las decisiones judiciales que ayudan a avanzar en la igualdad de hombres y mujeres; el lenguaje utilizado en la justicia en sus escritos; o, también, la composición en relación con el sexo de las diferentes profesiones jurídicas, a fin de conocer el alcance de la presencia de hombres y mujeres en la toma de decisiones a estos niveles, entre otras[10].

2. LA APLICACIÓN DE LA JUSTICIA DESDE UNA PERSPECTIVA DE GÉNERO[11]

Así, y visto que el *maestreaming* de género desde la declaración de Pekin de 1995 se asume desde una perspectiva holística es holística se entiende que la justicia no puede estar al margen de esta cuestión, es por ello que se hace necesario asumir, también, el *gender maestreaming* o perspectiva de género, en la aplicación de la justicia. Poyatos considera que[12]:

«(…) juzgar con perspectiva de género puede definirse como una metodología de análisis de la cuestión litigiosa, que debe desplegarse en aquellos casos en los que se involucren relaciones de poder asimétricas o patrones estereotípicos de género y exige la integración del principio de igualdad en la interpretación y aplicación del ordenamiento jurídico, en la búsqueda de soluciones equitativas ante situaciones desiguales de género. La transversalización se consolida, así como una herramienta novedosa de transformación social, para garantizar la efectiva salvaguardia de los derechos de las mujeres ante la necesidad impostergable de reconocer la diversidad de género, tanto en la interpretación y aplicación de los estándares internacionales de género».

Ante esto nos podemos preguntar si la aplicación de la perspectiva de género es voluntaria por parte de los jueces o bien es una cuestión impuesta. En este sentido Lousada Arochena[13] considera que con la Directiva 2006/54/CE relativa a la aplica-

---

[10] En el contexto mexicano David et al. Hacen un análisis de la forma de considerar a la mujer en la Corte interamericana de Derechos Humanos y la evolución de las decisiones en relación a dicho papel. Véase COAÑA BE, L. D., y CÁMARA SANTOS, M. J., Justicia con perspectiva de Género, *Revista mexicana de ciencias penales*, n. 11, 2020, pp. 83-109.

[11] Encontramos el concepto de justicia de género en otros contextos que no hace alusión al de justicia en el sentido que se usa en este texto, si no a un análisis de la situación de la mujer en diferentes ámbitos. Véase para más información al respecto TOVAR, C. V., «El concepto de justicia de género: teorías y modos de uso», *Revista de Derecho Privado*, n. 21, 2011, pp. 119-146.

[12] POYATOS MATAS, 2019, *op. cit.*

[13] LOUSADA AROCHENA, J. F., *El derecho fundamental a la igualdad efectiva de mujeres y hombres: fundamentos del derecho a la igualdad de género y, en especial, su aplicación en el derecho del trabajo y de la seguridad social*, Tirant lo Blanch, Valencia, 2014.

ción del principio de igualdad de oportunidades e igualdad de trato entre hombres y mujeres en asuntos de empleo y ocupación (refundición) se obliga a la transversalidad de aplicación de la perspectiva de género y por tanto también a que sea tenida en cuenta en las decisiones judiciales, por tanto no sería una cuestión discrecional a los jueces.

En lo que respecta al ámbito de aplicación de la perspectiva de género, ésta se entenderá como jurídicamente relevante en los casos en los que se pueda apreciar de forma sospechosa la subordinación y opresión de las mujeres, y será en ellos cuando se deba aplicar la perspectiva[14]. No obstante, bajo nuestro punto de vista, en ocasiones estas consecuencias son sutiles y silenciosas, por lo que se hace necesario el «entrenamiento», por parte de las personas que ejercen la justicia, de una mirada de género.

Facio va más allá y considera que[15]:

> «(…) aun sin entender el acceso a la justicia desde una perspectiva de género, tenemos que concluir que este derecho humano debe ser garantizado a todas/os por igual, precisamente por ser eso, un derecho humano. Si conjugamos este derecho humano con el derecho a no ser discriminadas en razón de nuestro sexo, el goce del derecho humano al acceso a la justicia en igualdad, no quiere decir que la obligación del Estado reside en garantizar un servicio público exactamente igual para todas las personas, sino que el Estado debe, como lo establece el Comité para la Eliminación de todas las Formas de Discriminación contra la Mujer (Cedaw por sus siglas en inglés), dejar de hacer o no permitir todo aquello que tenga por objeto o por resultado menoscabar o anular el ejercicio por la mujer del derecho humano al acceso a la justicia»

La perspectiva de género en la justicia implicaría, además, la concepción de que la justicia no es tan neutra como se podría pensar, y una prueba de ello sería también la falta de mujeres en determinados eslabones de la justicia[16]. De ahí que se haga necesario también el análisis de la representación y presencia de las mujeres en determinados órganos.

3. LA PRESENCIA DE LAS MUJERES EN LA JUSTICIA

La relación de la mujer con la esfera pública tiene un interés fundamental en el mundo en transformación en el que vivimos. La entrada de la mujer en las estructuras tradicionalmente masculinas no ha sido fácil en la historia[17], como tampoco lo ha sido la realización, con carácter general, de las la regulación e incorporación

---

[14] POYATOS MATAS, op. cit.

[15] FACIO, A., «Con los lentes del género se ve otra justicia», en El Otro Derecho, n. 28, 2002, p. 2.

[16] VARGAS, C., La perspectiva de género como método de argumentación jurídica, RIL Editores, 2020.

[17] Véase BEARD, M., Mujeres y Poder, Critica, 2018, donde analiza la difícil relación de la mujer con el poder, desde la antigüedad hasta nuestros días.

de las reivindicaciones en materia de igualdad en las organizaciones sociales, en cualquier sociedad dada, dados los distintos roles asignados en organizaciones complejas que generaban diferentes posiciones, y con ello una diferencia consideración y valoración; lo que se manifestaba en particular en la posición y valoración entre el hombre y la mujer generando unas desigualdades sociales que el Estado de Derecho, que subordina el poder estatal al Derecho a tendido a limitar o corregir, a través del principio de igualdad, primero eliminando los privilegios, (principio de igualdad jurídica formal, generalidad de la ley), y posteriormente con la vertiente de la igualdad material o efectiva en el constitucionalismo de la segunda mitad del siglo xx[18].

La igualdad se ha consagrado en las Constituciones democráticas europeas a nivel estatal, así como también a nivel del Consejo de Europa (art. 14 del Convenio Europeo de Derechos Humanos, Protocolo 12 del Convenio, complementado por la jurisprudencia del Tribunal Europeo de Derechos Humanos) y de la Unión Europa (arts. 19, 157 TFUE, y arts. 20-23 de la CDFUE; además de la consolidada jurisprudencia del Tribunal de Justicia de la Unión Europea)[19]. Tal como se ha comentado al inicio del texto.

En la Constitución española de 1978 hay un reconocimiento plural de la igualdad, fundamentalmente a través de criterios inspiradores (art. 1.1. y 9.2 CE), así como de la cláusula del artículo 14 CE que ha venido a reconocer el derecho a la igualdad, tanto en la aplicación del Derecho (aplicación e interpretación uniforme), como en la igualdad en la ley (en el contenido de la norma) que, sin embargo, sí va a permitir un tratamiento diferente respecto a personas y grupos cuando exista una situación que lo justifique[20]. Además, los artículos 1.1 y 9.2 CE han posibilitado una igualdad promocional y la promoción de una igualdad real y efectiva; y es importante señalar la jurisprudencia de equiparación, que ha consolidado la exigencia de eliminar incluso normas de carácter protector que podían suponer un obstáculo para el acceso de la mujer al empleo, en igualdad de condiciones[21].

Es importante resaltar que la realización de la igualdad es, como indica el artículo 1 de la ley reproducido, para una sociedad democrática. Para comprender la situación de llegada de mujeres a las profesiones jurídicas se hace necesaria también la aproximación histórica al camino recorrido por parte de las mujeres para su llegada a dichos

---

[18] GÓMEZ SÁNCHEZ, Y., *Constitucionalismo Multinivel. Derechos Fundamentales*, 5.ª edición, Sanz y Torres, 2020, pp. 317-322.

[19] Puede verse el trabajo de C. Elías que trata sobre el estatus de la mujer en el Derecho de la Unión Europea, ELÍAS, C., «Woman», en Bartolini, A., Cippitani, R., Colcelli, V. (eds.), *Dictionary of Statutes within EU Law. The Individual Statuses as Pillar of European Union Integration*, Springer, Cham, 2019, pp. 637 y ss.

[20] GÓMEZ SÁNCHEZ, Y., *op. cit.,* pp. 325-329.

[21] *Idem*, pp. 330 y ss.

puestos. En ese sentido, se hará mención a algunas de las pioneras en el contexto español y la forma en la que se consiguió el acceso de las mujeres a las profesiones jurídicas. Nos detendremos en el contexto español a fin de mostrar un ejemplo de cómo las mujeres de forma paulatina han ido ocupando los diferentes puestos en la judicatura, aunque a la vista de los datos aún sería posible hablar de suelos pegajosos.

Aunque las mujeres ya ejercían algunas profesiones jurídicas con anterioridad a la proclamación de la II República, como por ejemplo la de la abogacía, otras se permitieron durante ese periodo político como por ejemplo la de notaría; a la vez que se les denegaría el acceso a judicatura, por ejemplo. Sin embargo, durante la Guerra Civil a las mujeres se les abrió la participación a este tipo de profesiones por múltiples razones, entre ellas la falta de personal y el momento político que se estaba viviendo. Posteriormente la incorporación fue progresiva, en particular tras la transición y la consagración de la igualdad en la Constitución de 1978, que hemos visto antes[22].

Las mujeres en la actualidad son un mayor porcentaje de estudiantes de Derecho, cerca del 60% de las egresadas en España son mujeres. Las mujeres llevan ejerciendo la abogacía desde hace aproximadamente un siglo en España. La primera mujer que ingresó en el colegio de abogados fue María Ascensión Chirivella Marín en 1992, en la década de los veinte y treinta del siglo xx en España ejercerían Clara Campoamor y Victoria Kent. Esta última en 1925 sería la primera mujer que se vistiera de toga en la Audiencia de Madrid[23]. En la actualidad, en España, de acuerdo con el Consejo general de la abogacía, las mujeres son más del 50% de las personas que ejercen como abogados[24].

En lo que respecta a la judicatura, el tema que nos ocupa concretamente es importante explicar que, en España, en 1934 en una orden ministerial cuando la CEDA entró en el gobierno de España se entendía que las mujeres no podían acceder a los concursos de fiscalía a la carrera judicial o a la secretaria judicial[25]. La primera mu-

---

[22]   En España la Ley que reconoció el acceso a las mujeres a la universidad de manera universal es de 1910, desde entonces las mujeres se han ido incorporando de forma progresiva a las disciplinas Universitarias. DEL AMO, M. C., «La educación de las mujeres en España: de la "amiga" a la Universidad, Publicaciones – Ministerio de Educación y Formación Profesional», *Revista del Consejo Escolar del Estado*, n.º 11, 2009, pp. 8-22.

[23]   Destacar también que Victoria Kent fue la primera mujer que ejerció de abogada en un consejo de Guerra en el Tribunal Supremo. Su defendido era Álvaro de Albornoz, que era miembro del Comité Revolucionario Republicano. VÁZQUEZ, F., «Las primeras mujeres juezas y fiscales españolas (1931-1939): Las juristas pioneras». *Arenal. Revista de Historia de Las Mujeres*, v. 16, n.º 1, p. 137, https://doi.org/10.30827/arenal.vol16.num1.133-150

[24]   Entre las procuradoras el porcentaje de mujeres es mayor de acuerdo a las fuentes oficiales.

[25]   Por lo que los argumentos que se utilizaban eran del todo extravagantes. Véase VÁZQUEZ OSUNA, F. V., «Las primeras mujeres juezas y fiscales españolas (1931-1939): Las juristas pioneras», en *Arenal. Revista de historia de las mujeres*, v.16 n.1, 2009, pp. 133-150.

jer jueza en España fue Maria Lluïsa Algarra que fue nombrada diciembre de 1936 por el POU[26]. Así, como se ha visto, en esos tiempos tan convulsos de la Guerra Civil muchas mujeres accedieron a cargos que se les había vetado con anterioridad.

En la actualidad la situación de las mujeres con respecto a la carrera judicial ha cambiado mucho, pero se encuentran ciertas disparidades en lo que a los órganos judiciales se aprecia. Ellas todavía suponen sólo una de cada tres personas en el ámbito de los órganos centrales.

Entre las nuevas promociones de acceso a la judicatura las mujeres suponen más del 60% de las personas que obtienen plaza en los últimos años. Blay y González consideran que más que una feminización de la carrera judicial se puede hablar de una demasculinización[27].

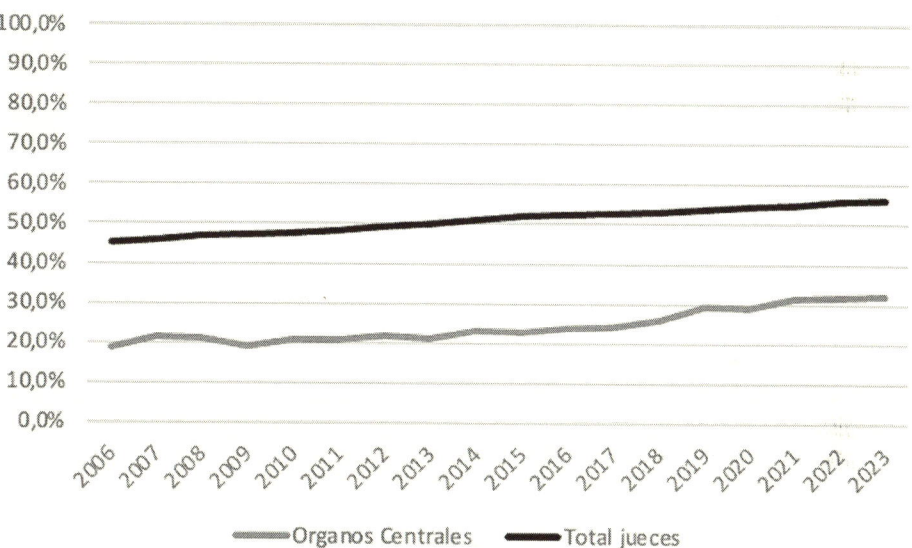

Gráfico 1. Evolución de las mujeres en la judicatura. Porcentaje de mujeres en los órganos centrales y en el total de jueces. Desde el 2006 al 2023. En activo. Fuente. Datos de la judicatura en España[28].

[26] *Idem.* Además, se exilió a México donde murió en 1957, era una abogada y dramaturga Catalana. Véase también NIEVA DE LA PAZ, P., «Mujer moderna», compromiso político y cambio social en Primavera inútil (1944), de Ma Luisa Algarra», *Foro Hispánico*, n. 48, 2014, pp. 48-56.

[27] BLAY, E., y GONZÁLEZ SÁNCHEZ, I., «El techo de cristal en la judicatura española: hipótesis explicativas a partir de las vivencias de las magistradas», *Revista Española de Investigación Criminológica*, v. 20, n. 2, 2023.

[28] Los datos se expresan a 1 de Enero de cada año, pero se han expresado los años en completos, así los datos a 1 de enero de un año se corresponden con el año anterior para facilitar la lectura de los datos.

El gráfico anterior muestra una presencia creciente de las mujeres en el ámbito de la judicatura. La causa es la incorporación de las nuevas cohortes de juezas en mayor medida que los hombres. Aunque a la vista de los datos no se puede hablar, como se dijo de una feminización de la judicatura, dado que la entrada de mujeres se mantiene en la franja 40%-60% en la mayoría de los datos, cifra que se considera paritaria[29].

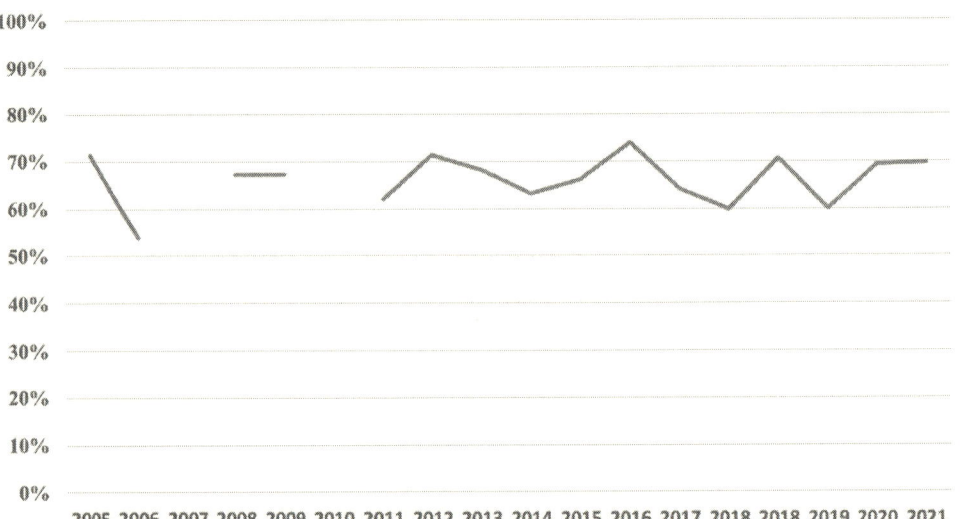

Gráfico 2. Jueces y magistrados de nuevo ingreso.
Fuente. Elaboración propia a partir de los datos del Consejo General del Poder Judicial.

Así pues, el porcentaje de mujeres que se entran a la carrera judicial está por encima del de los varones. Sin embargo, cuando se comienza a ascender en la carrera judicial las mujeres retrotraen su peso, siendo los hombres mayoritarios. Por ejemplo, en el Tribunal Supremo Español las mujeres en general suponen uno de cada cuatro personas. Este es un hecho que parece que está preocupando al Consejo General del Poder Judicial que elabora informes y guías para conseguir la igualdad de género[30].

[29]   Así se considera en la Ley Orgánica 3/2007, de 22 de marzo, para la igualdad efectiva de mujeres y hombres.
[30]   BLAY, E., Y GONZÁLEZ SÁNCHEZ, I., «El techo de cristal en la judicatura española: hipótesis explicativas a partir de las vivencias de las magistradas», *op. cit.*

Tabla 1. Composición por sexo del tribunal supremo. Octubre 2023

Tribunal supremo	Hombres	%	Mujeres	%	Total
Vicepresidencia					
Presidencias de sala	4	100,00			4
Sala civil	6	85,71	1	14,29	7
Sala penal	11	78,57	3	21,43	14
Sala contencioso-administrativo	18	78,26	5	21,74	23
Sala social	5	62,50	3	44,44	8
Sala militar	3	75,00	1	20,00	4
TOTAL	47	78,33	13	22,58	60

Fuente. Consejo General del Poder Judicial.

En el Tribunal Constitucional español la situación de la composición de género es similar a la que se ha encontrado en el Tribunal Supremo español. En el 2022 apenas un tercio de las magistradas eran mujeres. Esta situación se debe a la forma en la que se seleccionan a las personas.

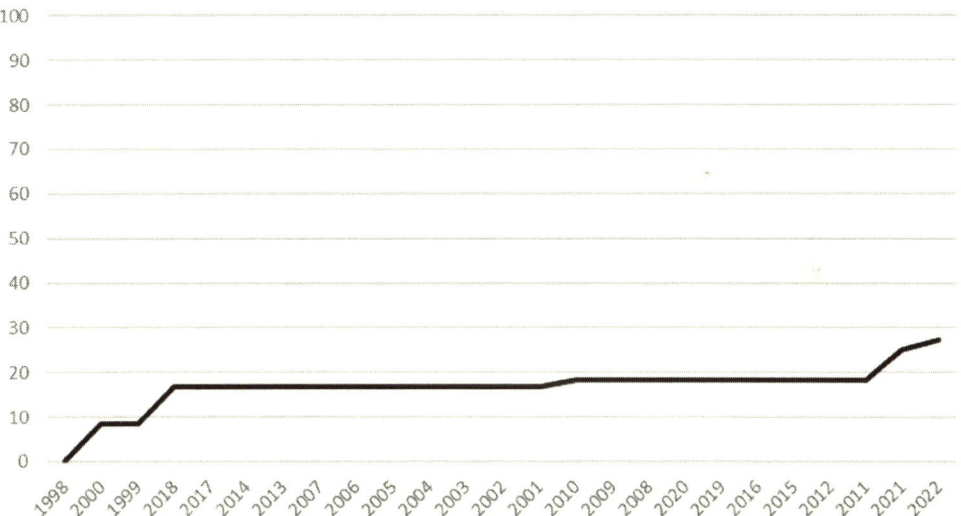

Gráfico 3. Evolución de las mujeres en el Tribunal Constitucional. Del 1998 al 2023. En activo. Fuente. Instituto de las mujeres.

Al ascender a la justicia Europa se muestran unos datos similares a los que visibles en el Tribunal constitucional español, el porcentaje de mujeres es inferior al del 40% tanto en la abogacía como en la judicatura, como en la presidencia de sala. Cabria esperar que en los próximos años y ante el incremento del porcentaje de mujeres en la carrera judicial pero también en los grados de derecho. No obstante, al igual que pasa en otros contextos las mujeres tienen dificultades para el acceso a determinados espacios.

Así pues, cuando se analizan los niveles de la carrera judicial se ve claramente que las mujeres se sitúan en mayor medida en los juzgados de instrucción y de primera instancia. Esto se debe a que estos son los primeros destinos que tienen las personas que acaban de acceder a la profesión de la judicatura. De esta manera es comprensible que sean en su mayoría mujeres dadas las cohortes de acceso a la misma en el estudio realizado por Blay y González Sánchez[31] en el que se preguntaba a magistradas sobre sus vivencias con el techo de cristal, una de las cuestiones que ellas remarcaban es que donde se veía mayor desigualdad era en los cargos de libre discrecionalidad.

4. EL LENGUAJE EN EL DERECHO

El lenguaje es muy importante porque nos configura cuando nos nombra, dado que las palabras nos construyen a la vez que nos describen. En ocasiones utilizamos un lenguaje que no es el correcto para nombrar, cayendo en un uso sexista del mismo, ocultando a una parte de la población en ser nombrada, invisibilizándola[32].

El pensamiento y el lenguaje están íntimamente unidos y no es posible separarlos[33]. Además, el lenguaje construye el propio imaginario social ya que lo describe. Tal como afirman[34]:

«1) El lenguaje es descriptivo, el lenguaje evidencia la cultura. Además, sirve para conservar los valores existentes, para preservar, mantener y perpetuar los valores masculinos, los que imperan en la sociedad, que son patriarcales porque la sociedad lo es 2) El lenguaje ha servido para coadyuvar a la construcción de esa cultura patriarcal. Por tanto, el lenguaje construye; y si tiene poder para crear, tiene poder para transformar. 3) El lenguaje se puede transformar, como se ha ido constatando a través de la Historia. 4) El lenguaje, por tanto, puede servir para construir otro tipo de relaciones y de cultura basadas en la igualdad»

---

[31]   *Idem.*

[32]   ASTOLA MADARIAGA, J., «El sujeto de derecho y las sujetas a derecho: la lengua del derecho y sus consecuencias», en *Igualdad y democracia: el género como categoría de análisis jurídico: estudios en homenaje a la profesora Julia Sevilla,* 2014, Cortes Valencianas, Valencia, 2014, p. 30.

[33]   HERRÁIZ SERRANO, O., «Hacia un lenguaje jurídico no sexista: herramientas para tratar de equilibrar la justa demanda de visibilizar a las mujeres con los principios de claridad, economía y precisión», en *Igualdad y democracia: el género como categoría de análisis jurídico: estudios en homenaje a la profesora Julia Sevilla,* Cortes Valencianas, Valencia, 2014, pp. 311-329.

[34]   MARRADES, A., CALERO, M. L., SEVILLA, J., y SALAZAR, O., «El lenguaje jurídico con perspectiva de género. Algunas reflexiones para la reforma constitucional», en *Revista de Derecho Político,* 2019. n.105, pp.127-160, https://doi.org/10.5944/RDP.105.2019.25270

Por todo ello podemos entender la relevancia que tiene el uso de un lenguaje jurídico que no sea sexista en todos los aspectos que tienen que ver con la norma[35]. Ni que decir tiene que es en ámbito de la justicia donde cobra una especial relevancia para evitar cuestiones como la doble victimización o una justicia reproductora de las desigualdades de género. Ya que el lenguaje que utilizamos no es neutro ni aséptico[36].

Así pues, se hace necesario que en la toma de decisiones judiciales y jurídicas se tome en consideración la perspectiva de género. Para ello se podrían mostrar una serie de indicaciones que podrían ser de gran utilidad en el uso de un lenguaje no sexista.

Para la utilización del lenguaje no sexista, o mejor dicho un lenguaje inclusivo, tanto en su forma hablada como escrita sería conveniente tener en cuenta cuestiones como por ejemplo evitar el genérico masculino; la utilización de asimetrías entre hombres y mujeres (referirse al hombre como señor y a la mujer como señorita); o bien llamar a las mujeres por su nombre de pila mientras a los hombres referirse por el apellido, entre otras. Otro hecho a tener en cuenta sería la no reproducción de los roles de género cuando se habla de profesiones, por ejemplo, decir las enfermeras y los médicos[37]. O bien tratar de usar genéricos inclusivos.

5. CONCLUSIONES

Tal como se ha visto al inicio del texto, el *maestreaming de género,* es una cuestión que afecta de forma transversal a toda nuestra sociedad, dado que la variable sexo nos configura como seres sociales vinculados a una serie de estereotipos y características que nos sitúan en una posición de desequilibrio en el acceso a los recursos sociales. En este sentido, el derecho y la justicia dado que no se encuentran al margen de la realidad social, deben tener en cuenta estas cuestiones a la hora de ejercer la función para la que han sido «creados» y no reproducir o producir más desigualdades.

Las mujeres se han incorporados a las profesiones jurídicas, también a la judicatura, pero en esta como en otras actividades sociales, se visualizan todavía techos de cristal que impiden que las mujeres estén en igualdad numérica con respecto a los hombres. A la vista de lo expuesto no podemos decir que la judicatura se haya feminizado (al menos en su base), pero sí que esta se ha desmasculinizado.

[35] Para profundizar sobre la cuestión de la Constitución Española en clave no masculina de puede consultar el texto de Torres del Moral. TORRES DEL MORAL, A., «Redacción de la Constitución en clave no masculina», *Revista de Derecho Político*, n. 100, 2017, https://doi.org/10.5944/rdp.100.2017.20686

[36] MARRADES *et al., op. cit.*

[37] Para más información sobre estas cuestiones se puede tomar como referencia la guía de Benoechea publicada en el CEPC. BENGOECHEA, M., *Guía de aplicación de un lenguaje inclusivo.* CEPC, Madrid, 2021.

Las personas que ejercen el derecho en cualquiera de sus vertientes deben estar atentas a las condiciones sociales, pero en especial el género. Dado que la socialización que hemos recibido nos ha hecho interiorizar los roles como natulares, por lo que cuestiones que consideramos neutrales o naturales en realidad son sociales y están condicionas por una determinada posición en las relaciones en sociedad.

Por último, es importante atender a las cuestiones del lenguaje, sobre todo en el derecho. Dado que no lo que no se nombra no existe.

6. RECURSOS BIBLIOGRÁFICOS

ASTOLA MADARIAGA, J., «El sujeto de derecho y las sujetas a derecho: la lengua del derecho y sus consecuencias». en *Igualdad y democracia: el género como categoría de análisis jurídico: estudios en homenaje a la profesora Julia Sevilla,* 2014, Cortes Valencianas, Valencia, 2014, pp. 105-116.

BEARD, M., *Mujeres y Poder*, Critica, 2018.

BENGOECHEA, M., *Guía de aplicación de un lenguaje inclusivo*. CEPC, Madrid, 2021.

COAÑA BE, L. D., y CÁMARA SANTOS, M. J., Justicia con perspectiva de Género, *Revista mexicana de ciencias penales*, n. 11, 2020, pp. 83-109.

BLAY, E., y GONZÁLEZ SÁNCHEZ, I. «El techo de cristal en la judicatura española: hipótesis explicativas a partir de las vivencias de las magistradas», *Revista Española de Investigación Criminológica*, v. 20, n.2, 2023.

ELÍAS, C., «Woman», en Bartolini, A., Cippitani, R., Colcelli, V. (eds.), *Dictionary of Statutses within EU Law. The Individual Statuses as Pillar of European Union Integration*, Springer, Cham, 2019, pp. 637-644.

FACIO, A., «Con los lentes del género se ve otra justicia», en *El Otro Derecho*, n. 28, 2002.

GÓMEZ SÁNCHEZ, Y., *Constitucionalismo Multinivel. Derechos Fundamentales*, 5.ª edición, Sanz y Torres, Madrid, 2020.

HERRÁIZ SERRANO, O., «Hacia un lenguaje jurídico no sexista: herramientas para tratar de equilibrar la justa demanda de visibilizar a las mujeres con los principios de claridad, economía y precisión», en *Igualdad y democracia: el género como categoría de análisis jurídico: estudios en homenaje a la profesora Julia Sevilla,* Cortes Valencianas, Valencia, 2014, pp. 311-329.

LOMBARDO, E., «El mainstreaming: la aplicación de la transversalidad en la Unión Europea», *Aequalitas: Revista jurídica de igualdad de oportunidades entre mujeres y hombres,* n.º 13, 2003, pp. 6-11.

LOUSADA AROCHENA, J. F, *El derecho fundamental a la igualdad efectiva de mujeres y hombres: fundamentos del derecho a la igualdad de género y, en especial, su aplicación en el derecho del trabajo y de la seguridad social,* Tirant lo Blanch, Valencia, 2014.

MARRADES, A., CALERO, M. L., SEVILLA, J., y SALAZAR, O., «El lenguaje jurídico con perspectiva de género. Algunas reflexiones para la reforma constitucional»., en *Revista de Derecho Político*, 2019. n.105, pp.127-160, https://doi.org/10.5944/RDP.105.2019.25270.

NIEVA DE LA PAZ, P., «Mujer moderna», compromiso político y cambio social en Primavera inútil (1944), de Ma Luisa Algarra», *Foro Hispánico*, n. 48, 2014, pp. 48-56.

POYATOS MATAS, G., *Juzgar con perspectiva de género: una metodologia vinculante de justicia equitativa judging with gender perspective: a binding equitable justice methodology.* 2019, n. 2, pp. 1-21. https://doi.org/10.6018/iQual.341501

REY ARAMENDÍA, M., «Mainstream de género», *Eunomía: Revista en Cultura de la Legalidad, n.* 19, 2020, pp. 331-341, https://doi.org/10.20318/EUNOMIA.2020.5715

TOVAR, C. V., «El concepto de justicia de género: teorías y modos de uso», *Revista de Derecho Privado*, n. 21, 2011, pp. 119-146.

VARGAS, C., *La perspectiva de género como método de argumentación jurídica*, RIL Editores, 2020.

VÁZQUEZ OSUNA, F., «Las primeras mujeres juezas y fiscales españolas (1931-1939): Las juristas pioneras»., en *Arenal. Revista de historia de las mujeres*, v.16 n.1, 2009, pp. 133-150.

CAPÍTULO V

CHALLENGES OF THE USE AND ASSESSMENT OF STATISTICAL DATA BY COURTS IN EUROPEAN CONSTITUTIONAL LAW

Joaquín Sarrión Esteve y Cristina Benlloch Domènech[1]

Profesor Titular de Derecho Constitucional. Titular de la Catedra Jean Monnet de Gobernanza y Regulación en la Era Digital (GoReDig). Director de la Cátedra ISAAC. Derechos individuales, Investigación Científica y Cooperación. Departamento de Derecho Constitucional Universidad Nacional de Educación a Distancia (UNED)

Profesora Titular de Sociología Departamento de Sociología y Antropología Universitat de València

SUMARIO: 1. Motivation. 2. Big data and judicial decision making. 3. Research methodology design. 4. Final remarks. 5. Bibliographic references.

1. Motivation

An adequate assessment of the use of data and particularly statistical data in the interpretation and application of public law, including administrative, constitutional and EU law is a new and recent research challenge in the current data-driven society in the context of a digital world transformation.

The digitalization process that we are currently moving through, where Internet and digital technologies are becoming increasingly more important, with progressive exponential growth, adds more data to our lives. In fact, we are facing not only a technological and digital revolution, thanks to the emergence of smart and disruptive technologies, affecting the concept and categories of Law, at least as we had

---

[1] Distribution of work by authors: J. Sarrión developed the analysis of the case law and selected the legal literature references and C. Benlloch prepared the research design and social methodology of the research.

understood until now[2] but also a statistical data revolution in all areas, including Law, and particularly the interpretation and application of law in practice.

2. BIG DATA AND JUDICIAL DECISION MAKING

Nowadays, macrodata (Big Data) may enable AI devices to act as neural networks and statistical models to predict certain events and behaviours and these computational systems will be able to deal with, to learn from and to solve problems, as well as to make or propose decisions based on Big Data information, thus they come with a paradigm shift in how decisions have been made up to now[3], which is one of the current challenges that faces Constitutional law.

Moreover, the implications following the increasing abundance of data of all kinds, and the more effective statistical tools and models, including algorithmic ones, are becoming more visible with consequences for Law[4], and legal decisions, including both regulation and legislative process and the Judicial decision making process which may affect the role of judges and fundamental rights protection.

There is not either an adequate methodology regarding the assessment of statistical data, particularly by courts, including the statistics significance, statical data quality and availability (how courts should make sense of statistical data)

It can be said that there is an international and a constitutional and democratic obligation, included in the political-constitutional system of European Union and EU Member States to effectively protect the right to have a process with all the guarantees, particularly in the interpretation and application of the law by courts, including the judicial assessment of statistical data.

We live in a data-driven society where there is a s increase of data and the use of statistical data, also in legal proceedings, with ethical and legal challenges regarding the assessment of the validity and reliability of statistical data in the interpretation and application of public law, including administrative, constitutional and EU law.

Humans, including courts, are fallible in the evaluation of generalized use of statistical data, taking into account risk, probability, and the quality of data.

---

[2] BENLLOCH DOMÈNECH, C., SARRIÓN ESTEVE, J., «Los derechos fundamentales ante las aporías de la era digital» (Fundamental Rights and aporia in the digital age), *Cuestiones Constitucionales*, n. 46, 2022, pp. 1-28., available here: https://revistas.juridicas.unam.mx/index.php/cuestiones-constitucionales/article/view/17046/17590

[3] COTINO HUESO, L., «Big data e inteligencia artificial. Una aproximación a su tratamiento jurídico desde los derechos fundamentales», *ILEMATA*, n. 24, 2017, p.132; MORISON, J., and HARKENS, A., «Re-engineering justice? Robot judges, computerised courts and (semi) automated legal decision-making», *Legal Studies*, v. 38, i. 4, 2019, pp. 618-635.

[4] ALARIE, B., «The path of the law: Towards legal singularity», *University of Toronto Law Journal*, v. 66. i. 4, 2016, avaialbe here. https://doi.org/10.3138/UTLJ.4008

Statistical data can be relevant in several areas and issues as, for example, health (rate of infections, hospitalisations, vaccinations, etc.), sport (scores and goals), consumer (consumer experience, value, trends, etc.), environment and biodiversity (climate change, human activities, pollution, air, etc.), education (access, quality, learning outcomes, teachers, bullying and cyberbullying, etc.), urban planning and development (road data, size of land, parking data, perceptions), or taxes, etc. And therefore, there are a lot of judicial cases in which statistical data can be relevant to the application of law by courts, although or study will be limited to public law legal proceedings.

The justification for this hypothesis lies, as pointed out before, in the obligation, included in the political-constitutional system of European Union and EU Member States to effectively protect the right to and the access to justice, the right to an effective remedy before a tribunal or court, and to have a process with all the guarantees, including a fair and public hearing by an independent and impartial tribunal previously established, the possibility of being advised, defended and represented. These guarantees can be affected by the interpretation and application of the law by courts, including the judicial assessment of statistical data.

This right is based in human rights declarations and treaties, at international level in the article 8 of the Universal Declaration of Human Rights of 1948[5], the article 14(1) of the International Covenant on Civil and Political Rights of 16 December 1966[6]. Article 13 of the European Convention of Human Rights (ECHR), the level of the Council of Europe, refers to the right to an effective remedy[7], and the EU law framework protection included this right firstly as a general principle of

---

[5]   Art. 8 of the Universal Declaration of Human Rights states: «Everyone has the right to an effective remedy by the competent national tribunals for acts violating the fundamental rights granted him by the constitution or by law». Article 10 adds: «Everyone is entitled in full equality to a fair and public hearing by an independent and impartial tribunal, in the determination of his rights and obligations and of any criminal charge against him».

[6]   Art. 14(1) of the International Covenant on Civil and Political Rights of 16 December 1966: «All persons shall be equal before the courts and tribunals. In the determination of any criminal charge against him, or of his rights and obligations in a suit at law, everyone shall be entitled to a fair and public hearing by a competent, independent and impartial tribunal established by law. The press and the public may be excluded from all or part of a trial for reasons of morals, public order (ordre public) or national security in a democratic society, or when the interest of the private lives of the parties so requires, or to the extent strictly necessary in the opinion of the court in special circumstances where publicity would prejudice the interests of justice; but any judgement rendered in a criminal case or in a suit at law shall be made public except where the interest of juvenile persons otherwise requires or the proceedings concern matrimonial disputes or the guardianship of children».

[7]   Article 13 of the ECHR stipulates that: «Everyone whose rights and freedoms as set forth in this Convention are violated shall have an effective remedy before a national authority notwithstanding that the violation has been committed by persons acting in an official capacity».

EU law (ECJ, 15 May 1986, *Johnston*, C-222/84, EU:C:1986:206; 15 October 1987, *Heylens*, C-222/86, ECLI:EU:C:1987:442) and after as a fundamental right in the article 47 of the EU Charter of Fundamental Rights 'Right to an effective remedy and to a fair trial'[8] applicable before EU and EU member states courts (to national courts within the application of EU law).

As there is not an EU regulation regarding the concept of evidence for judicial proceedings, EU member States are free to apply the national internal elaborated regulation for judicial proceedings regarding the assessment of evidence, for the application of EU law. However, national courts should guarantee the principle of effectiveness, as a general principle of EU law, and therefore limiting eventual unreasonable presumptions, or disproportionate requirements, and the courts should interpret national regulation in order to facilitate the provision of evidence to the proceeding, according to ECJ case law (ECJ 9 November 1983, *San Giorgio*, C-199/82, ECLI:EU:C:1983:318; 17 July 1997, *GT-Link*, C-242/95, ECLI:EU:C:1997:376; 21 September 2000, *Michailidis*, joined C-441 and 442/98, 441/98; 14 December 2000, *Emsland-Stärke*, C-110/99, ECLI:EU:C:2000:695; 2 October 2003, *Weber's Wine World and others*, C-147/01, ECLI:EU:C:2003:533; 21 February 2006, *Halifax*, C-255/02, ECLI:EU:C:2006:121; 7 September 2006, *Laboratories Boiron*, C-526/04, ECLI:EU:C:2006:528; 12 September 2006, *Cadbury Schweppes*, C-196/04, ECLI:EU:C:2006:544; 28 January 2010, *Direct Parcel Distribution*, C-264/08).

In addition, European Union Member States Constitutions or other basic laws include the access to justice or the right to an effective remedy and guarantees for the judicial process as a fundamental right: article 19 of the Basic Law of the Federal Republic of Germany; article 12 of the Belgian Constitution, article 7 of the Declaration of human and civil rights of 26 August 1789 and article 64 of the Constitution of France, art. 24 of the Constitution of the Italian Republic, art. 13 of the Constitution of Luxembourg, article 15 of the Constitution of the Kingdom of Netherlands, articles 61-65 of the Constitutional Act of Denmark, article 34.1 of the Constitution of Ireland, article 8 of the Constitution of the Hellenic Republic, art. 20 of the Constitution of the Portuguese Republic, article 24(1) of the Spanish

---

[8]   Article 47 of the EU Charter of Fundamental Rights: «Everyone whose rights and freedoms guaranteed by the law of the Union are violated has the right to an effective remedy before a tribunal in compliance with the conditions laid down in this Article.

Everyone is entitled to a fair and public hearing within a reasonable time by an independent and impartial tribunal previously established by law. Everyone shall have the possibility of being advised, defended and represented.

Legal aid shall be made available to those who lack sufficient resources in so far as such aid is necessary to ensure effective access to justice».

Constitution, article 83(2) of the Constitution of the Republic of Austria, article 21 of the Constitution of Finland, article 9 of the Chapter 2 of Sweden, article 36 of the Charter of Fundamental Rights and Freedoms of Czechia, article 30 of the Constitution of the Republic of Cyprus, article 15 of the Constitution of the Republic of Estonia, art. xxvIII of the Constitution of the Republic of Hungary, art. 92 of the Republic of Latvia, article 20 of the Constitution of the Republic of Lithuania, article 39(1) of the Constitution of Malta, art. 45(1) of the Constitution of the Republic of Poland, art. 46 of the Slovak Republic, article 22 of the Constitution of the Republic of Slovenia, articles 30 and 56 of the Constitution of the Republic of Bulgaria, article 21 of the Constitution of Romania, articles 18 and 26 of the Constitution of the Republic of Croatia.

As outlined before, the increasing abundance of data of all kinds, and the more effective statistical tools, thanks to the development of smart technologies and applications, available for the public may spill over the relevance of data for judicial decision making. There is a clear relevance of the convergence of smart disruptive emerging technologies and the use of big data to challenge fundamental rights, which consequences for the concept and categories of Law, including constitutional law, and fundamental rights configuration, guarantees and exercise.

Data can be decisive —or not— in themselves to the resolution of case law, but in the case that data are relevant, the challenge is to assess adequately those data, and it is not easy to do it. However, State courts, the European Court of Human Rights (ECHR) and the European Court of Justice (ECJ) do not have developed yet a specific and public methodology or indicators or a model to address the use and assessment of statistical data in public law case law.

There has been a traditional concern regarding the use of quantitative social methods in civil and criminal law. In fact, it has been a very discussed topic for years in academia[9].

Recently, the concern regarding the lack of a standard methodology to the assessment of scientific evidence in the judicial system motived the collaboration between members of the judiciary, the Royal Society and the Royal Society of Edimburg, to create «The judicial primers project» in order to collaborate both expert scientist and judiciary to formulate a guide to assist the judiciary and legal

---

[9]   SCANLON, J. C. & WEINGARTEN, K., «The Role of Statistical Data in the Functioning of the Courts», 12, *Buff. L. Rev.*, 522, 1963, available at: https://digitalcommons.law.buffalo.edu/buffalolawreview/vol12/iss3/9; GASTWIRTH, J. L., *Statistical Reasoning in Law and Public Policy*, v.2, Academic Press, 1988; Kadane, J. B. (ed.), *Statistics in the Law*, Oxford University Press, Oxford, 2008.

professionals in understanding the principles to evaluate scientific evidence which has a statistical base[10].

However, this guide, centred in the use of statistical data, is limited to the evaluation of criminal scientific evidence or limited civil cases, including the evaluation of DNA evidence, the evaluation of trace evidence, the evaluation of pattern-matching evidence, or the causation of illness or injury in civil ceases.

In addition, courts have also developed guidelines in competition and intellectual property law proceedings in order to control the use of statistical evidence, but «comparatively little thought has been given to the use of statistics» in public law[11]

Therefore, the concern and reflection about the adequate evaluation and assessment of statistical data is rather recent, particularly in public judicial proceedings, which may include administrative, social, constitutional, and EU law cases and a comprehensive analysis in this area is yet to be realised.

Statistical evidence has been very useful to demonstrate indirect discrimination in public law case law, in order to protect equality[12]. The ECJ has recognized the fundamental right to equality in extensive case law. Likewise, the supreme courts and constitutional courts in EU member states have applied and protected the right to equality and have distinguished the situation of individuals or groups in assessing and resolving cases, provided that these distinctions have an objective and reasonable justification and are proportionate to that justification[13].

As it is well known, in recent decades, legislation and the courts have consolidated important concepts to fight discrimination such as the concepts of *direct* (explicit or formal) and *indirect* (hidden) discrimination, in the latter case the difference in treatment is formally correct, but it generates discriminatory consequences on a particular group. The use and evaluation or assessment of statistical evidence

---

[10]   See BEIDERMAN, A., CHAMPOD, C., HUTTON, J., JACKSON, G., KITCHIN, L., NEOCLEOUS, T., SPIEGELHALTER, D.J., WILLIS, S. & WILSON, A.L. (2020), *The use of statistics in legal proceedings: a primer for courts*, The Royal Society, 2020, available at: https://royalsociety.org/-/media/about-us/programmes/science-and-law/science-and-law-statisticsprimer.pdf

[11]   ROSE, L., A, «Numbers Game? Statistics in Public Law Cases», *ALBA Annual Lecture*, 5 July 2021, p. 2.

[12]   While it can be stated that equality is a claim present in the history of humanity, it is a multifaceted principle with several dimensions, i.e. relations between States, between European Union (EU) and States, and among individuals, but it adquires a particular relevance, from the perspective of fundamental rights, in relations among individuals. See ROSSI, L.S., and CASORALI, F. (ed.), *The Principle of Equality in EU Law*, Springer, Cham, 2017, p. v.

[13]   See SOUTO GALVÁN, C., *Principio de igualdad y transversalidad de género*, Dykinson, Madrid, 2012.

is very useful to solve the «conundrum» in cases of indirect discrimination[14]; but statistical data depend on the frame of reference which is not always easy to determine[15], and ECJ case law seems to accept also qualitative assessment, particularly when statistical data is not significant or not available (ECJ 19 April 2012, *Meister*, C-415/10, ECLI:EU:C:2012:217; 21 July 2011, Patrick *Kelly*, C-104/10, ECLI:EU:C:2011:506) as pointed out by Mulder[16], who outlines that however, only in a few cases there is a detailed exploration of qualitative assessment (ECJ 17 October 1989, *Danfoss*, C-109/88, ECLI:EU:C:1989:383; 17 July 2014, *Leone*, C-173/13, ECLI:EU:C:2014:2090).

But, as Wachter, Mittelstadt, and Russell pointed out, the current criteria, and the open interpretation of ECJ creates problems to develop an automated decision-making process based in AI solutions[17].

Therefore, taking into account these limited advances achieved, in the analysis of the use and evaluation of statistical data by courts, limited to several issues and areas, and particularly in public law proceedings (limited to the use of statistical data in indirect discrimination), there is a gap to be fulfilled in order to study comprehensively a) how data are used in public legal practice —including administrative, labour and constitutional—, and, moreover, b) how courts should make sense of these data in public cases. There is a current challenge to improve the interpretation and application of statistical data in administrative, constitutional and EU law case law, and academics should develop strong research to fulfil this gap.

3. RESEARCH METHODOLOGY DESIGN

In order to develop the research, we propose a multidisciplinary methodology with three pillars to achieve the objectives: firstly, the analysis of the judicial sentences to understand the use of statistics and qualitative data by judges; secondly, interviews with judges and researchers, and the thirdly, deliberative discussion groups with judges and researchers.

---

[14]   DE VOS, M., «The European Court of Justice and the march towards substantive equality in European antidiscrimination law», *International Journal of Discrimination and the* Law, 20(1), 2020, pp. 62-87, p.70.

[15]   MULDER, J., *Indirect sex discrimination in employment. Theoretical analysis and reflections on the CJEU case law and national application of the concept of indirect sex discrimination, European network of legal experts in gender equality and non-discrimination*, European Commission, Directorate-General for Justice and Consumers, 2020, p. 64.

[16]   *Idem*, p. 68.

[17]   WACHTER S., MITTELSTADT, B., RUSSELL, C., «Why fairness cannot be automated: Bridging the gap between EU non-discrimination law and AI», *Computer Law and Security Review*, n. 41, 2021, DOI: 10.1016/j.clsr.2021.105567

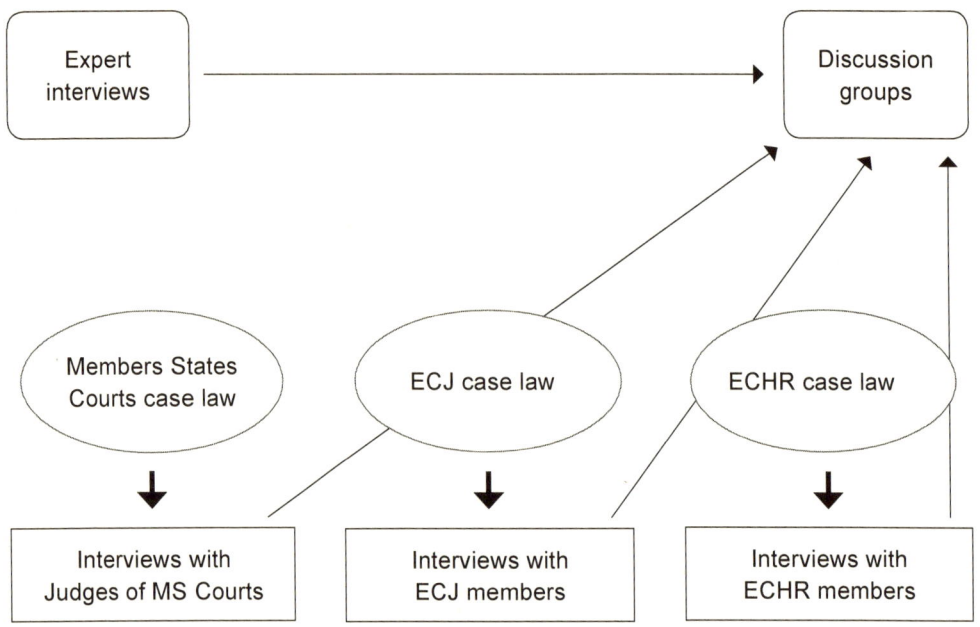

Graphic 1. Research methodology design.
Source: Methodology design by Cristina Benlloch Domènech

This methodology includes:

A **Legal and social analysis of judicial decisions.** The legal and social analysis of the judicial decisions will show how the judges are using the statistical and qualitative data in their work. This information will be relevant for the next step of the methodology.

A study of a selected geographical sample, with selected judgments of high courts of the 27 Member States of the European Union will be studied and a set of judgments of the European Court of Justice (ECJ) at EU level, as well as a set of judgments of the European Court of Human Rights (ECHR) at the international level of the Council of Europe. We include also the EU 27 Member States in the sample because their constitutional systems share common features (common constitutional traditions), while some differences in several countries allow for a comparison of these systems, and because all of them include the constitutional and democratic obligation, included in the political-constitutional system of European Union and EU Member States, to effectively protect the right to have a process with all the guarantees, particularly in the interpretation and application of the law by courts, and this must include an adequate judicial assessment of statistical data.

And a **specific methodology for the analysis of judgments.** The judgments to be analysed with the following criteria: 1) It will be analysed whether the use and assessment of statistical data (quantitative) might have influenced the outcome of the case or, if the case, the combination of the assessment of data with qualitative assessment) might have influenced the outcome of the case; 3) The analysis of each judgment will be documented in an *ad hoc* fact sheet which will include: the data of the ruling; the basic data of the facts; the relevance or not of statistical data (qualitative), and the resolution adopted by the ruling and, if applicable, the alternative interpretation that could have been given to the case with the application of the new methodology/guide combining quantitative and qualitative assessment.

In addition, the **interviews with judges and experts.** Once this analysis has begun, it will be important to develop structured interviews with judges and experts in statistical data and social inequalities, because it is important to take in account the view of the judges in order to formulate an adequate model-guide considering their necessities.

In the interviews with the judges, it will be important to work with aspects such as their degree of knowledge about of statistical data, on the vision that they have of the assessment of statistics in judicial proceedings, and the qualitative data on social inequalities in order to develop their profession as judges in courts.

In relation to the interviews for researchers in the field of social inequality, it will be also important to interview sociologists who are experts in statistical data, philosophers, economists, but also social workers. The reason is to gather information on relevant data that should be considered by judges when they do sentences.

The estimated number of interviews will depend on the saturation of the informants' discourse. Both in the case of the judges of the different instances and of the professionals. That is because qualitative methods don't apply for statistical sample.

Moreover, the methodology includes **deliberative/discussion groups.** In the next level of the investigation, with the results obtained in the structured interviews, it is important to develop deliberative groups to discuss about results. At least six discussion groups are proposed, two of a mixed nature and four specific (by profiles) ones, but it depends of the information obtained. The structure of the groups would be based in two mixed groups between judges, legal professionals, academics and researchers, who would be able to compare their opinions for the future development of the model guide; and four specific groups more, two of legal professionals, and two of judges. We propose this structure to learn about the courts independent deliberation and to obtain the widest possible results in order to develop a guide that is as useful and complete as possible.

Finally, from multidisciplinary point of view, it is important to consider **Gender dimension,** introducing a sex/gender analysis in the development of the methodology and in all research tasks, including not only a balance participation in research members, but also a gender balance in all participants in the activities (interviews with judges, deliberative/discussion groups), etc.

4. FINAL REMARKS

Considering current development of the relevance of data and the use of (big) data in the interpretation and application of law, it will be important to develop comprehensive research about a) how data are used in public legal practice —including administrative, labour and constitutional—, and, moreover, b) how courts should make sense of these data in legal public cases.

There is a current challenge to improve the interpretation and application of statistical data in administrative, constitutional and EU law case law, and academics should develop strong research to fulfil this gap. This research should use a multidisciplinary approach.

5. BIBLIOGRAPHIC REFERENCES

ALARIE, B., «The path of the law: Towards legal singularity», *University of Toronto Law Journal*, v. 66. i. 4, 2016, avaialbe here. https://doi.org/10.3138/UTLJ.4008

BEIDERMAN, A., CHAMPOD, C., HUTTON, J., JACKSON, G., KITCHIN, L., NEOCLEOUS, T., SPIEGELHALTER, D.J., WILLIS, S. & WILSON, A.L. (2020), *The use of statistics in legal proceedings: a primer for courts*, The Royal Society, 2020, available at: https://royalsociety.org/-/media/about-us/programmes/science-and-law/science-and-law-statisticsprimer.pdf

BENLLOCH DOMÈNECH, C., SARRIÓN ESTEVE, J., «Los derechos fundamentales ante las aporías de la era digital» (Fundamental Rights and aporia in the digital age), *Cuestiones Constitucionales*, n. 46, pp. 1-28, 2022, available at: https://revistas.juridicas.unam.mx/index.php/cuestiones-constitucionales/article/view/17046/17590

COTINO HUESO, L., «Big data e inteligencia artificial. Una aproximación a su tratamiento jurídico desde los derechos fundamentales», *ILEMATA*, n. 24, 2017, pp. 131-150

DE VOS, M., «The European Court of Justice and the march towards substantive equality in European antidiscrimination law», *International Journal of Discrimination and the* Law, 20(1), 2020, pp. 62-87.

GASTWIRTH, J. L., *Statistical Reasoning in Law and Public Policy*, v.2, Academic Press, 1988.

KADANE, J. B. (ed.), *Statistics in the Law,* Oxford University Press, Oxford, 2008.

MORISON, J., and HARKENS, A., «Re-engineering justice? Robot judges, computerised courts and (semi) automated legal decision-making», *Legal Studies*, v. 38, i. 4, 2019, pp. 618-635

MULDER, J., *Indirect sex discrimination in employment. Theoretical analysis and reflections on the CJEU case law and national application of the concept of indirect sex discrimination, European network of legal experts in gender equality and non-discrimination*, European Commission, Directorate-General for Justice and Consumers, 2020.

ROSE, L., A, «Numbers Game? Statistics in Public Law Cases», *ALBA Annual Lecture*, 5 July 2021.

ROSSI, L.S., and CASORALI, F. (ed.), *The Principle of Equality in EU Law*, Springer, Cham, 2017.

SCANLON, J. C. & WEINGARTEN, K., «The Role of Statistical Data in the Functioning of the Courts», 12, *Buff. L. Rev.*, 522, 1963, available at: https://digitalcommons.law.buffalo.edu/buffalolawreview/vol12/iss3/9

SOUTO GALVÁN, C., *Principio de igualdad y transversalidad de género*, Dykinson, Madrid, 2012.

WACHTER S., MITTELSTADT, B., RUSSELL, C., «Why fairness cannot be automated: Bridging the gap between EU non-discrimination law and AI», *Computer Law and Security Review*, n. 41, 2021, DOI: 10.1016/j.clsr.2021.105567

CAPÍTULO VI
LOS MATERIALES Y RECURSOS PARA EL ESTUDIO DE LA JURISDICCIÓN Y PROCEDIMIENTOS EN LA UNIÓN EUROPEA[1]

Joaquín Sarrión Esteve

Profesor Titular de Derecho Constitucional. Titular de la Catedra Jean Monnet de Gobernanza y Regulación en la Era Digital (GoReDig). Director de la Cátedra ISAAC. Derechos individuales, Investigación Científica y Cooperación. Universidad Nacional de Educación a Distancia (UNED)

SUMARIO: 1. Introducción. 2. Recursos bibliográficos. 3. Repositorios digitales. 4. Buscadores y Revistas especializadas. 5. Colecciones jurisprudenciales, bases de datos jurídicas, y otros recursos.

1. Introducción

De cara al estudio de la Jurisdicción y Procedimientos en la Unión Europea, sus desafíos y retos, conviene tener en consideración tanto el material legislativo, jurisprudencial como también doctrinal que pueda coadyuvar en la aproximación para el aprendizaje y el estudio.

Aquí tratamos de realizar una selección recursos bibliográficos, repositorios digitales, buscadores y Revistas especializadas y colecciones jurisprudenciales, bases de datos jurídicas, y otros recursos; más allá de que al final de esta obra se puede encontrar una selección bibliográfica extensa, así como una selección de normativa en el apéndice.

---

[1] La selección de estos recursos se basa en el proyecto docente desarrollado por el autor, así como también en las guías preparadas para las asignaturas la Jurisdicción de la Unión Europea y Court of Justice. European Integraton and Fundamental Rights del Máster Universitario en Unión Europea, y del Reconocimiento y protección de los derechos humanos en el ámbito supranacional en el Master Universitario de Derechos Humanos, que imparte en la Universidad Nacional de Educación a Distancia (UNED).

2. RECURSOS BIBLIOGRÁFICOS

En la actualidad, no debe perderse de vista que cualquier estudiante puede hacer búsquedas de gran calidad en las bases de datos jurídicas, tanto en inglés como en español, así como en múltiples repositorios digitales en abierto. No obstante, siempre puede ser conveniente tener en consideración una selección de recursos y bibliografía. Si bien al final de esta obra se puede encontrar una selección bibliográfica extensa, así como normativa en el apéndice, vamos a señalar aquí las que consideramos que son más relevantes.

Bibliografía básica en inglés

BARNARD, C., *European Union Law*, 2.ª ed., Oxford University Press, Oxford, Oxford, 2017.

CRAIG, P., *EU Law: Text, Cases, and Materials*, 7.ª ed., Oxford University Press, Oxford, 2020.

CHALMERS, C., MONTI, G. y DAVIES, D., *European Union Law: text and materials*, 3.ª ed., Cambridge University press, Cambridge, 2014.

LEANERTS, K., MASELS, I. y GUTMAN, K., *EU Procedural Law*, Oxford University Press, Oxford, 2014.

MORANO-FOADI, S. y NELLER, J., *Farihurst's Law of the European Union*, 12th edition, Pearson, 2018.

Bibliografía básica en castellano

ALONSO GARCÍA, R., *Derecho de la Unión Europea: textos y materiales*, Civitas-Thomsom Reuters, Madrid, 2010.

— *Sistema Jurídico de la Unión Europea*, 4.ª edición, Civitas-Thomsom Aranzadi, Madrid, 2014.

— *Las sentencias básicas del Tribunal de Justicia de la Unión Europea*, Civitas, Madrid, 2014.

BOU FRANCH, V., *Introducción al Derecho de la Unión Europea*, Civitas, Madrid, 2014.

CELMA ALONSO, P. (coord.), *Derecho de la Unión Europea*, Tirant lo Blanch, Valencia, 2019.

ESCOBAR HERNÁNDEZ, C., *Instituciones de la Unión Europea*, 3.ª ed., Tirant lo Blanch, Valencia, 2020.

MANGAS MARTÍN, A. y LIÑÁN NOGUERAS, D. J., *Instituciones y Derecho de la Unión Europea*, 9.ª edición, Tecnos, Madrid, 2016.

MOLINA DEL POZO, C. F., *El Tribunal de Justicia en la Unión Europea: procedimiento y recursos*, Aranzadi, Madrid, 2020.

— *Derecho de la Unión Europea*, Reus, Madrid, 2015.

MONTESINOS PADILLA, C. y QUERALT JIMÉNEZ, A., *Protección jurisdiccional de los derechos. Sistemas español, universal, regional europeo y supranacional*, Juruá Editorial, Porto, 2021.

PIZZOLO, C., *El sistema europeo de protección multinivel de derechos humanos en su laberinto*, Universidad Nacional de Córdoba, 2022.

SARMIENTO RAMÍREZ-ESCUDERO, D., *El Derecho de la Unión Europea*, 3.ª ed., Marcial Pons, Madrid, 2020.

SARRIÓN ESTEVE, J., Lecciones Fundamentales de Derecho de la Unión Europea, Tirant lo Blanch, Valencia, 2017.

— *Jurisdicción y Protección de los Derechos Fundamentales en la Unión Europea*, Universitas, Madrid, 2021

— *El reconocimiento y protección de los derechos y libertades en un mundo en transformación ¿Hacia un nuevo paradigma constitucional?*, Aranzadi, Madrid, 2022.

Con carácter complementario, pueden ser de interés las siguientes referencias.

Bibliografía complementaria en inglés

CARTABIA, M., «European Rights: Taking Dialogue Seriously», *European Constitutional Law Review*, 2009, n. 5, pp 5-31.

BARTOLINI, A., COLCELLI, V., y CIPPITANI, R. (eds.), *Dictionary of the Statuses within EU law*, Springer, 2019.

BIONDI, A., EECKHOUT, P. y RIPLEY, S. (ed.), *EU Law after Lisbon*, Oxford University Press, Oxford, 2012.

BOBIĆ, A., «Constitutional Pluralism Is Not Dead: An Analysis of Interactions Between Constitutional Courts of Member States and the European Court of Justice», *German Law Journal*, v. 18, n. 6, 2017, pp. 1395-1428

— *The Jurisprudence of Constitutional Conflict in the European Union*, Oxford University Press, Oxford, 2022.

BOGDANDY, A. von, «Pluralism, direct effect, and the ultimate say: On the relationship between international and domestic constitutional law», *Int J Constitutional Law*, 2008, 6 (3-4), pp. 397-413.

DI FEDERICO, G. (ed.), *The EU Charter of Fundamental Rights*, Springer, 2009.

DOUGLAS-SCOTT, S. y HATZIS, N. (ed.), *Research Handbook on Eu Law and Human Rights* (Research Handbooks in European Law Series), Edward Elgar Publishing, 2017.

FABBRINI, F., *Fundamental Rights in Europe*, Oxford University Press, Oxford, 2014.

FAIRHURST, J., *Law of the European Union*, 11th edition, Pearson, 2016.

HORSPOOL, M., *European Union Law*, Oxford University Press, Oxford, 2006.

KUMM, M., «The Jurisprudence of Constitutional Conflict: Constitutional Supremacy in Europe before and after the Constitutional Treaty», *European Law Journal*, v. 11, n. 3, pp. 262-307, 2005.

LINDFELT, M., *Fundamental Rights in the European Union – Towards Higher Law of the Land? A Study of the Status of Fundamental Rights in a Broader Constitutional Setting*, ÅboAkademiUniversity, Åbo, 2007.

MJÖL ARNARDÓTTIR, A. y BUYSE, A. (ed.), *Rethinking relations between the ECHR, EU, and national legal orders*, Routledge, 2016.

OPPENHEIMER, A. (ed.), *The Relationship between European Community Law and National Law*, Cambridge University Press, Cambridge, 2003.

POIARES MADURO, M. y AZOULAI, L. (eds.), *The Past and Future of EU Law: The Classics of EU Law Revisited on the 50th Anniversary of the Rome Treaty*, Hart Publishing, Oxford y Portland, 2010.

POLLICINO, O., «The New Relationship between National and the European Courts after the Enlargement of Europe: Towards a Unitary Theory of Jurisprudential Supranational Law?», *Yearbook of European Law*, 2010, n. 29, pp. 65-111.

ROSSI, L.S., «How Fundamental are Fundamental Principles? Primacy and Fundamental Rights after Lisbon», *Yearbook of European Law*, 2008.

ROSSI, L. S., y CASORALI, F. (ed.), *The EU After Lisbon*, Springer, 2016.

SARRIÓN ESTEVE, J., «Actual Trends and Challenges of the Constitutional Fundamental Rights and Principles in the ECJ Case Law from the Perspective of Multilevel Constitutionalism» (September 4, 2015), available at SSRN: http://ssrn.com/abstract=2656394

STIERNSTROM, M., «The Relationship Between Community Law and National Law», University of Miami, Jean Monnet/Robert Schuman Paper Series, v.5 n. 33, October 2005, available at: http://aei.pitt.edu/8162/1/Stiermstrom-final.pdf

TORRES PÉREZ, A., *Conflicts of Rights in the European Union. A theory of Supranational Adjudication*, Oxford University Press, Oxford, 2009.

WALKILA, S., *Horizontal Effect of Fundamental Rights in EU Law*, Europa Law Publishing, 2015.

WEATHERILL, S., *Law and Values in the European Union*, Oxford University Press, Oxford, 2016.

Bibliografía complementaria en lengua española

ALCAIDE FERNÁNDEZ, J. y otros, *Curso de Derecho de la Unión Europea*, Tecnos, Madrid, 2014.

ALONSO GARCÍA, R., *El Juez español y el Derecho Comunitario*, CGPJ, Madrid, 2003.

— *Justicia constitucional y Unión Europea*, Civitas, Madrid, 2005.

ÁLVAREZ CONDE, E. y GARRIDO MAYOL, V., *Comentarios a la Constitución europea*, 3 vols., Tirant lo Blanch, Consejo Consultivo de la Generalitat Valenciana, Valencia, 2004.

ARROYO JIMÉNEZ, L., *Empatía constitucional: Derecho de la Unión Europea y Constitución Española*, Marcial Pons, Madrid, 2016.

AZPITARTE SÁNCHEZ, M., *El Tribunal Constitucional ante el control del Derecho comunitario derivado*, Civitas, Madrid, 2002.

CASTILLO DAUDÍ, M., *Derecho internacional de los derechos humanos*, 2.ª ed., Tirant lo Blanch, Valencia, 2006.

ELÍAS MÉNDEZ, C., «La jurisdicción constitucional en los Estados miembros de la Unión Europea», *Revista de Derecho Constitucional Europeo*, n. 16, 2011.

— «Propuestas para un modelo de control interno de constitucionalidad en el contexto de la Unión Europea», en *Constitución y democracia. Ayer y hoy: libro homenaje a Antonio Torres del Moral*, v. 3, 2012, pp. 3259-3272.

GÓMEZ SÁNCHEZ, Y. y ELÍAS MÉNDEZ, C., *Derecho Constitucional Europeo*, Aranzadi, 2020.

LÓPEZ CASTILLO, A. *Instituciones y Derecho de la Unión Europea*, Volúmenes, I, II y III, Tirant lo lo Blanch, Valencia, 2015-2019.

LÓPEZ CASTILLO, A., MENÉNDEZ, A. J. y VIDAL PRADO, C. (coords.), *Sentencia Lisboa del Tribunal Constitucional Federal Alemán*, CEPC, Madrid, 2011.

SÁIZ ARNAIZ, A., «El Tribunal de Justicia de las Comunidades Europeas como Tribunal Constitucional», *Revista Vasca de Administración Pública*, n. 53, 2, 1999, pp. 223-256

SARMIENTO RAMÍREZ-ESCUDERO, D., *Poder judicial e integración europea: la construcción de un modelo jurisdiccional para la Unión*, Civitas, Madrid, 2004.

— *El Derecho de la Unión Europea*, 3.ª ed., Marcial Pons, Madrid, 2020.

— «La constitucionalización sustantiva del Derecho Comunitario y sistema de fuentes», *Revista General de Legislación y Jurisprudencia*, 2007, n. 4, pp. 631-646.

— «En búsqueda de los límites constitucionales a la integración europea», *CEFLegal: revista práctica de derecho*, 2011, n. 131, pp. 81-142.

— «El nuevo horizonte constitucional para la Unión Europea: a propósito de la entrada en vigor del Tratado de Lisboa y la Carta de Derechos Fundamentales», *CEFLegal: Revista Práctica del Derecho*, 2011, n. 121, pp. 53-102.

— *El Tribunal de Justicia de Luxemburgo como garante de los derechos fundamentales*, Dykinson, Madrid, 2013.

— *La Unión Europea tras Lisboa. Introducción al sistema institucional y jurídico de la Unión*, Zarzo, 2015.

— *Apuntes de Derecho de la Unión Europea*, Tirant lo Blanch, Valencia, 2016.

— *Los límites a la integración europea en la doctrina constitucional*, Comares, Granada, 2020.

SOBRIDO PRIETO, M., *Las comunidades autónomas ante el Tribunal de Justicia y el Tribunal de Primera Instancia de las Comunidades Europeas*, Tirant lo Blanch, Valencia, 2003.

TAJADURA TEJADA, J. (coord.), *Justicia Constitucional y Unión Europea*, CEPC, 2008.

TENORIO SÁNCHEZ, P. J., «Diálogo entre tribunales y protección de los derechos fundamentales en el ámbito europeo», *Revista General de Derecho Europeo*, n. 31, 2013.

VIDAL PRADO, C., El impacto del nuevo Derecho europeo en los Tribunales constitucionales, Colex, Madrid, 2004.

VILATA MENADAS, S. (coord)., *El papel de la jurisprudencia del TJCE en la armonización del Derecho Europeo*, Universitat de València, Valencia, 2005.

3.   REPOSITORIOS DIGITALES

Asimismo, es importante utilizar los diferentes repositorios digitales para la preparación del estudio, la mayoría institucionales, pudiendo obtener materiales de interés en diferentes formatos.

Repositorios de interés

Academia, https://www.academia.edu/

Data.europea.eu, The oficial portal for European data, https://data.europa.eu/en

EC Library, https://ec.europa.eu/libraries/links_en.htm

EU Web Archive, https://op.europa.eu/en/web/euwebarchive

Open Research Europe, https://open-research-europe.ec.europa.eu/

Researchgate, https://www.researchgate.net/

SAS-Space, https://sas-space.sas.ac.uk/

SSRN, https://www.ssrn.com/index.cfm/en/

Repositorios de las Universidades españolas. Muchas Universidades españolas han desarrollado repositorios institucionales para albergar publicaciones en abierto de sus investigadores, hay una relación elaborada por la Conferencia de Rectores de las Universidades Españolas (CRUE), https://www.rebiun.org/directorio-repositorios-institucionales

En algunas bibliotecas se establecen búsquedas de materiales de diferente tipo, por ejemplo, en la UNED se ha desarrollado un repositorio institucional, que incluye formatos de Radio y televisión, vídeos y podcasts, conferencias web, tutorías grabadas, https://contenidosdigitales.uned.es/fezUNED/

4.   BUSCADORES Y REVISTAS ESPECIALIZADAS

Asimismo, puede ser muy útil la búsqueda de recursos a través de Dialnet: https://dialnet.unirioja.es/

Y de Google Scholar: https://scholar.google.com/

También, como indicaciones bibliográficas, puede ser conveniente tener en consideración algunas revistas o publicaciones periódicas.

Selección de Revistas especializadas

Indicamos algunas revistas especializadas que pueden servir para complementar la formación, sin ánimo de exhaustividad, en inglés:

Common Market Law Review, https://kluwer-lawonline.com/Journals/Common+Market+Law+Review/2

European Constitutional Law Review, https://www.cambridge.org/core/journals/european-constitutional-law-review

European Law Review, https://www.sweetandmaxwell.co.uk/Product/Academic-

European papers, https://www.europeanpapers.eu/en/ep-info/european-papers

I·CON. International Journal of Constitutional Law, https://academic.oup.com/icon?login=false

Year Book of European Law, https://academic.oup.com/yel?login=false

En español, también puede complementarse la preparación con la consulta de otras revistas que, en ocasiones, también publican en inglés, sin ánimo de ser exhaustivo:

Anuario Iberoamericano de Justicia Constitucional, https://www.cepc.gob.es/publicaciones/revistas/anuario-iberoamericano-de-justicia-constitucional

Igualdad(es), https://www.cepc.gob.es/publicaciones/revistas/igualdades

Cuadernos Europeos de Deusto, https://www.ced.revistas.deusto.es/

Estudios de Deusto. Revista de Derecho Público, https://revista-estudios.revistas.deusto.es/

La Ley Unión Europea, https://dialnet.unirioja.es/servlet/revista?codigo=22187

Revista de Derecho Constitucional Europeo, https://www.ugr.es/~redce/

Revista de Derecho Comunitario, https://www.cepc.gob.es/publicaciones/revistas/revista-de-derecho-comunitario-europeo

Revista de Derecho de la Unión Europea, https://revistas.uned.es/index.php/REDUE

Revista de Derecho Político, https://revistas.uned.es/index.php/derechopolitico

Revista de Estudios Políticos, https://www.cepc.gob.es/publicaciones/revistas/revista-de-estudios-politicos

Revista de Estudios Europeos, https://dialnet.unirioja.es/servlet/revista?codigo=2935

Revista de las Cortes Generales, https://revista.cortesgenerales.es/rcg

Revista Española de Derecho Constitucional, https://www.cepc.gob.es/publicaciones/revistas/revista-espanola-de-derecho-constitucional

Revista Española de Derecho Europeo, https://www.revistasmarcialpons.es/revistaespanoladerechoeuropeo

Revista General de Derecho Europeo, https://www.iustel.com/v2/revistas/detalle_revista.asp?numero=60&id=13

Revista Universitaria Europea, http://www.revistarue.eu/

Teoría y realidad constitucional, https://revistas.uned.es/index.php/TRC?msclkid=a24a149bcee811ec80525d0d30d9790a

Unión Europea Aranzadi, https://dialnet.unirioja.es/servlet/revista?codigo=1713

En otros idiomas:

Cahiers de droit europeen, https://www.jurisquare.be/fr/journal/cahdroiteur/index.html

Civitas Europa, https://dialnet.unirioja.es/servlet/revista?codigo=5836

Europe actualité du droit communautair, https://dialnet.unirioja.es/servlet/revista?codigo=12886

Federalismi.it. Rivista di Diritto Pubblico Italiano, Comparato, Europeo, https://www.federalismi.it/

4. COLECCIONES JURISPRUDENCIALES, BASES DE DATOS JURÍDICAS, Y OTROS RECURSOS

Colecciones jurisprudenciales

Sentencias del Tribunal de Justicia de la Unión Europea, http://curia.europa.eu/
Sentencias del Tribunal Europeo de Derechos Humanos, https://www.echr.coe.int/
Sentencias del Tribunal Constitucional, www.tribunalconstitucional.es

Selección de bases de datos jurídicas

Puede ser conveniente también la consulta directa de la legislación y la jurisprudencia, en diversas bases de datos jurídicas, incluyendo www.boe.es, www.iustel.com, www.laley.net, www.tirantonline.com, vlex.es/, www.westlaw.es

Especial interés tiene la base de datos «Derechos Fundamentales» de la Agencia Estatal del Boletín Oficial del Estado, https://www.boe.es/legislacion/derechos_fundamentales.php

La creación, estructura y metodología de esta base de datos se debe a la prof. Yolanda Gómez Sánchez. Esta base pretende contribuir a la difusión y comprensión de los principios y derechos consagrados en la Constitución, mediante una selección y comentario de diferentes sentencias del Tribunal Constitucional, en las que cada precepto (artículos 9, 10-29 y 30.2), en el que se desglosa cada precepto con los conceptos claves que lo definen con referencias a una selección de sentencias que son objeto de resumen, y en algunos casos con referencias jurisprudenciales del Tribunal de Justicia de la Unión Europea y del Tribunal Europeo de Derechos Humanos.

También el Catálogo de la Biblioteca del Tribunal de Justicia de la Unión Europea, con una innumerable lista de reseñas y publicaciones sobre la Jurisdicción europea, https://curia.primo.exlibrisgroup.com/discovery/search?vid=352CDJ_INST:VU1

Otros recursos electrónicos

European Law Blog. News and comments on EU law, https://europeanlawblog.eu/

EULive, https://eulawlive.com/ con publicaciones y análisis periódicos.

I·CONnect. Blog of the International Journal of Constitutional Law, http://www.iconnectblog.com/

Verfassungsblog on matters constitutional, https://verfassungsblog.de/tag/eu-law/

También puede ser de interés acudir al Glosario y Semblanzas. Una introducción al derecho constitucional, proyecto coordinado por el prof. Fernando Reviriego, https://canal.uned.es/series/magic/9vly43l2k80go4s808sw8kcsgk00okk

Asimismo, se recomienda acudir como material complementario a las vídeoclases del Módulo Jean Monnet Jurisdicción y Procedimientos en la Unión Europea, que hemos desarrollado, EUJuris, accesibles en Canal UNED. https://canal.uned.es/series/602a5c39b6092369ff03db45

APÉNDICE NORMATIVO

Selección y ordenación por Joaquín Sarrión Esteve
Profesor Titular de Derecho Constitucional.
Titular de la Catedra Jean Monnet de Gobernanza
y Regulación en la Era Digital (GoReDig).
Director de la Cátedra ISAAC.
Derechos individuales, Investigación Científica y Cooperación.
Universidad Nacional de Educación a Distancia (UNED)

1. **TRATADO DE LA UNIÓN EUROPEA**

Art. 13, apartados 1-3, TUE (el TJUE como institución de la UE):

«1. La Unión dispone de un marco institucional que tiene como finalidad promover sus valores, perseguir sus objetivos, defender sus intereses, los de sus ciudadanos y los de los Estados miembros, así como garantizar la coherencia, eficacia y continuidad de sus políticas y acciones.

Las instituciones de la Unión son:
— El Parlamento Europeo,
— El Consejo Europeo,
— El Consejo,
— La Comisión Europea (denominada en lo sucesivo "Comisión"),
— El Tribunal de Justicia de la Unión Europea,
— El Banco Central Europeo,
— El Tribunal de Cuentas.

2. Cada institución actuará dentro de los límites de las atribuciones que le confieren los Tratados, con arreglo a los procedimientos, condiciones y fines establecidos en los mismos. Las instituciones mantendrán entre sí una cooperación leal.

3. Las disposiciones relativas al Banco Central Europeo y al Tribunal de Cuentas, así como las disposiciones detalladas sobre las demás instituciones, figuran en el Tratado de Funcionamiento de la Unión Europea.

(…)»

Art. 17.1 TUE (Control en la aplicación del Derecho de la UE):

«1. La Comisión promoverá el interés general de la Unión y tomará las iniciativas adecuadas con este fin. Velará por que se apliquen los Tratados y las medidas adoptadas por las instituciones en virtud de éstos. Supervisará la aplicación del Derecho de la Unión bajo el control del Tribunal de Justicia de la Unión Europea. Ejecutará el presupuesto y gestionará los programas. Ejercerá asimismo funciones de coordinación, ejecución y gestión, de conformidad con las condiciones establecidas en los Tratados. Con excepción de la política exterior y de seguridad común y de los demás casos previstos por los Tratados, asumirá la representación exterior de la Unión. Adoptará las iniciativas de la programación anual y plurianual de la Unión con el fin de alcanzar acuerdos interinstitucionales»

Art. 19 TUE (Estructura, composición y competencias del TJUE, recursos internos para garantizar la tutela judicial efectiva del Derecho de la UE):

«1. El Tribunal de Justicia de la Unión Europea comprenderá el Tribunal de Justicia, el Tribunal General y los tribunales especializados. Garantizará el respeto del Derecho en la interpretación y aplicación de los Tratados.

Los Estados miembros establecerán las vías de recurso necesarias para garantizar la tutela judicial efectiva en los ámbitos cubiertos por el Derecho de la Unión.

2. El Tribunal de Justicia estará compuesto por un juez por Estado miembro. Estará asistido por abogados generales.

El Tribunal General dispondrá al menos de un juez por Estado miembro.

Los jueces y abogados generales del Tribunal de Justicia y los jueces del Tribunal General serán elegidos de entre personalidades que ofrezcan plenas garantías de independencia y que reúnan las condiciones contempladas en los artículos 253 y 254 del Tratado de Funcionamiento de la Unión Europea. Serán nombrados de común acuerdo por los Gobiernos de los Estados miembros para un período de seis años. Los jueces y abogados generales salientes podrán ser nombrados de nuevo.

3. El Tribunal de Justicia de la Unión Europea se pronunciará, de conformidad con los Tratados:

a) sobre los recursos interpuestos por un Estado miembro, por una institución o por personas físicas o jurídicas;

b) con carácter prejudicial, a petición de los órganos jurisdiccionales nacionales, sobre la interpretación del Derecho de la Unión o sobre la validez de los actos adoptados por las instituciones;

c) en los demás casos previstos por los Tratados».

Art. 24.1 TUE (Política Exterior y de Seguridad Común):

«1. La competencia de la Unión en materia de política exterior y de seguridad común abarcará todos los ámbitos de la política exterior y todas las cuestiones relativas a la seguridad de la Unión, incluida la definición progresiva de una política común de defensa que podrá conducir a una defensa común.

La política exterior y de seguridad común se regirá por reglas y procedimientos específicos. La definirán y aplicarán el Consejo Europeo y el Consejo, que deberán pronunciarse por unanimidad salvo cuando los Tratados dispongan otra cosa. Queda excluida la adopción de actos legislativos. La política exterior y de seguridad común será ejecutada por el Alto Representante de la Unión para Asuntos Exteriores y Política de Seguridad y por los Estados miembros, de conformidad con los Tratados. La función específica del Parlamento Europeo y de la Comisión en este ámbito se define en los Tratados. El Tribunal de Justicia de la Unión Europea no tendrá competencia respecto de estas disposiciones, con la salvedad de su competencia para controlar el respeto del artículo 40 del presente Tratado y para controlar la legalidad de determinadas decisiones contempladas en el párrafo segundo del artículo 275 del Tratado de Funcionamiento de la Unión Europea».

2. **TRATADO DE FUNCIONAMIENTO DE LA UNIÓN EUROPEA**

Art. 108.2 TFUE (ayudas de Estado):

«2. Si, después de haber emplazado a los interesados para que presenten sus observaciones, la Comisión comprobare que una ayuda otorgada por un Estado o mediante fondos estatales no es compatible con el mercado interior en virtud del artículo 107, o que dicha ayuda se aplica de manera abusiva, decidirá que el Estado interesado la suprima o modifique en el plazo que ella misma determine.

Si el Estado de que se trate no cumpliere esta decisión en el plazo establecido, la Comisión o cualquier otro Estado interesado podrá recurrir directamente al Tribunal de Justicia de la Unión Europea, no obstante lo dispuesto en los artículos 258 y 259.

A petición de un Estado miembro, el Consejo podrá decidir, por unanimidad y no obstante lo dispuesto en el artículo 107 o en los reglamentos previstos en el artículo 109, que la ayuda que ha concedido o va a conceder dicho Estado sea considerada compatible con el mercado interior, cuando circunstancias excepcionales justifiquen dicha decisión. Si, con respecto a esta ayuda, la Comisión hubiere iniciado el procedimiento previsto en el párrafo primero del presente apartado, la petición del Estado interesado dirigida al Consejo tendrá por efecto la suspensión de dicho procedimiento hasta que este último se haya pronunciado sobre la cuestión.

Sin embargo, si el Consejo no se hubiere pronunciado dentro de los tres meses siguientes a la petición, la Comisión decidirá al respecto».

Art. 114.9 TFUE (Aproximaciónd de legislaciones, mercado interior):

«Como excepción al procedimiento previsto en los artículos 258 y 259, la Comisión y cualquier Estado miembro podrá recurrir directamente al Tribunal de Justicia de la Unión Europea si considera que otro Estado miembro abusa de las facultades previstas en el presente artículo».

Art. 218.11 TFUE (Dictamen consultivo sobre acuerdos internacionales):

«Un Estado miembro, el Parlamento Europeo, el Consejo o la Comisión podrán solicitar el dictamen del Tribunal de Justicia sobre la compatibilidad con los Tratados de cualquier acuerdo previsto. En caso de dictamen negativo del Tribunal de Justicia, el acuerdo previsto no podrá entrar en vigor, salvo modificación de éste o revisión de los Tratados».

228.1-2 TFUE (Defensor del Pueblo):

«1. El Parlamento Europeo elegirá a un Defensor del Pueblo Europeo, que estará facultado para recibir las reclamaciones de cualquier ciudadano de la Unión o de cualquier persona física o jurídica que resida o tenga su domicilio social en un Estado miembro, relativas a casos de mala administración en la acción de las instituciones, órganos u organismos de la Unión, con exclusión del Tribunal de Justicia de la Unión Europea en el ejercicio de sus funciones jurisdiccionales. Instruirá estas reclamaciones e informará al respecto.

En el desempeño de su misión, el Defensor del Pueblo llevará a cabo las investigaciones que considere justificadas, bien por iniciativa propia, bien sobre la base de las reclamaciones recibidas directamente o a través de un miembro del Parlamento Europeo, salvo que los hechos alegados sean o hayan sido objeto de un procedimiento jurisdiccional. Cuando el Defensor del Pueblo haya comprobado un caso de mala administración, lo pondrá en conocimiento de la institución, órgano u organismo interesado, que dispondrá de un plazo de tres meses para exponer su posición al Defensor del Pueblo. Éste remitirá a continuación un informe al Parlamento Europeo y a la institución, órgano u organismo interesado. La persona de quien emane la reclamación será informada del resultado de estas investigaciones.

El Defensor del Pueblo presentará cada año al Parlamento Europeo un informe sobre el resultado de sus investigaciones.

2. El Defensor del Pueblo será elegido después de cada elección del Parlamento Europeo para toda la legislatura. Su mandato será renovable.

A petición del Parlamento Europeo, el Tribunal de Justicia podrá destituir al Defensor del Pueblo si éste dejare de cumplir las condiciones necesarias para el ejercicio de sus funciones o hubiere cometido una falta grave».

Arts. 245 y 247 TFUE (cese de miembros de la Comisión):

«Artículo 245. Los miembros de la Comisión se abstendrán de todo acto incompatible con el carácter de sus funciones. Los Estados miembros respetarán su independencia y no intentarán influir en ellos en el desempeño de sus funciones.

Los miembros de la Comisión no podrán, mientras dure su mandato, ejercer ninguna otra actividad profesional, retribuida o no. En el momento de asumir sus funciones, se comprometerán solemnemente a respetar, mientras dure su mandato y aún después de finalizar éste, las obligaciones derivadas de su cargo y, en especial, los deberes de honestidad y discreción, en cuanto a la aceptación, una vez terminado su mandato, de determinadas funciones o beneficios. En caso de incumplimiento de dichas obligaciones, el Tribunal de Justicia, a instancia del Consejo, por mayoría simple, o de la Comisión, podrá, según los casos, declarar su cese en las condiciones previstas en el artículo 247 o la privación del derecho del interesado a la pensión o de cualquier otro beneficio sustitutivo».

«Artículo 247. Todo miembro de la Comisión que deje de reunir las condiciones necesarias para el ejercicio de sus funciones o haya cometido una falta grave podrá ser cesado por el Tribunal de Justicia, a instancia del Consejo, por mayoría simple, o de la Comisión».

Art. 251 TFUE (Actuación del Tribunal de Justicia):

El Tribunal de Justicia actuará en Salas o en Gran Sala, de conformidad con las normas establecidas al respecto en el Estatuto del Tribunal de Justicia de la Unión Europea.
Cuando el Estatuto así lo disponga, el Tribunal de Justicia también podrá actuar en Pleno.

Art. 252 TFUE (Abogados Generales):

«El Tribunal de Justicia estará asistido por ocho abogados generales. Si el Tribunal de Justicia lo solicitare, el Consejo, por unanimidad, podrá aumentar el número de abogados generales.

La función del abogado general consistirá en presentar públicamente, con toda imparcialidad e independencia, conclusiones motivadas sobre los asuntos que, de conformidad con el Estatuto del Tribunal de Justicia de la Unión Europea, requieran su intervención».

Art. 253 TFUE (Nombramiento jueces, abogados generales, secretario, reglamento):

«Los jueces y los abogados generales del Tribunal de Justicia, elegidos entre personalidades que ofrezcan absolutas garantías de independencia y que reúnan las condiciones requeridas para el ejercicio, en sus respectivos países, de las más altas funciones jurisdiccionales o que sean jurisconsultos de reconocida competencia, serán designados de común acuerdo por los Gobiernos de los Estados miembros por un período de seis años, tras consultar al comité a que se refiere el artículo 255.
Cada tres años tendrá lugar una renovación parcial de los jueces y abogados generales, en las condiciones establecidas en el Estatuto del Tribunal de Justicia de la Unión Europea.
Los jueces elegirán de entre ellos al Presidente del Tribunal de Justicia por un período de tres años. Su mandato será renovable.
Los jueces y los abogados generales salientes podrán ser nuevamente designados.
El Tribunal de Justicia nombrará a su secretario y establecerá el estatuto de éste.
El Tribunal de Justicia establecerá su Reglamento de Procedimiento. Dicho reglamento requerirá la aprobación del Consejo».

Art. 254 TFUE (jueces Tribunal General, y reglamento):

«El número de jueces del Tribunal General será fijado por el Estatuto del Tribunal de Justicia de la Unión Europea. El Estatuto podrá disponer que el Tribunal General esté asistido por abogados generales.
Los miembros del Tribunal General serán elegidos entre personas que ofrezcan absolutas garantías de independencia y que posean la capacidad necesaria para el ejercicio de altas funciones jurisdiccionales.

Serán designados de común acuerdo por los Gobiernos de los Estados miembros por un período de seis años, tras consultar al comité a que se refiere el artículo 255. Cada tres años tendrá lugar una renovación parcial. Los miembros salientes podrán ser nuevamente designados.

Los jueces elegirán de entre ellos al Presidente del Tribunal General por un período de tres años. Su mandato será renovable.

El Tribunal General nombrará a su secretario y establecerá el estatuto de éste.

El Tribunal General establecerá su Reglamento de Procedimiento de acuerdo con el Tribunal de Justicia. Dicho reglamento requerirá la aprobación del Consejo.

Salvo disposición en contrario del Estatuto del Tribunal de Justicia de la Unión Europea, las disposiciones de los Tratados relativas al Tribunal de Justicia serán aplicables al Tribunal General».

Art. 255 TFUE (comité para idoneidad de candidatos para juez y abogado general):

«Se constituirá un comité para que se pronuncie sobre la idoneidad de los candidatos para el ejercicio de las funciones de juez y abogado general del Tribunal de Justicia y del Tribunal General, antes de que los Gobiernos de los Estados miembros procedan a los nombramientos de conformidad con los artículos 253 y 254.

El comité estará compuesto por siete personalidades elegidas de entre antiguos miembros del Tribunal de Justicia y del Tribunal General, miembros de los órganos jurisdiccionales nacionales superiores y juristas de reconocida competencia, uno de los cuales será propuesto por el Parlamento Europeo. El Consejo adoptará una decisión por la que se establezcan las normas de funcionamiento del comité, así como una decisión por la que se designe a sus miembros. El Consejo se pronunciará por iniciativa del Presidente del Tribunal de Justicia».

Art. 256 TFUE (competencias Tribunal General y recurso de casación ante el Tribunal de Justicia):

«1. El Tribunal General será competente para conocer en primera instancia de los recursos contemplados en los artículos 263, 265, 268, 270 y 272, con excepción de los que se atribuyan a un

tribunal especializado creado en virtud del artículo 257 y de los que el Estatuto reserve al Tribunal de Justicia. El Estatuto podrá establecer que el Tribunal General sea competente en otras categorías de recursos.

Contra las resoluciones dictadas por el Tribunal General en virtud del presente apartado podrá interponerse recurso de casación ante el Tribunal de Justicia limitado a las cuestiones de Derecho, en las condiciones y dentro de los límites fijados en el Estatuto.

2. El Tribunal General será competente para conocer de los recursos que se interpongan contra las resoluciones de los tribunales especializados.

Las resoluciones dictadas por el Tribunal General en virtud del presente apartado podrán ser reexaminadas con carácter excepcional por el Tribunal de Justicia, en las condiciones y dentro de los límites fijados en el Estatuto, en caso de riesgo grave de que se vulnere la unidad o la coherencia del Derecho de la Unión.

3.El Tribunal General será competente para conocer de las cuestiones prejudiciales, planteadas en virtud del artículo 267, en materias específicas determinadas por el Estatuto.

Cuando el Tribunal General considere que el asunto requiere una resolución de principio que pueda afectar a la unidad o a la coherencia del Derecho de la Unión, podrá remitir el asunto ante el Tribunal de Justicia para que éste resuelva.

Las resoluciones dictadas por el Tribunal General sobre cuestiones prejudiciales podrán ser reexaminadas con carácter excepcional por el Tribunal de Justicia, en las condiciones y dentro de los límites fijados en el Estatuto, en caso de riesgo grave de que se vulnere la unidad o la coherencia del Derecho de la Unión».

Art. 257 TFUE (creación de tribunales especializados):

«El Parlamento Europeo y el Consejo, con arreglo al procedimiento legislativo ordinario, podrán crear tribunales especializados adjuntos al Tribunal General, encargados de conocer en primera instancia de determinadas categorías de recursos interpuestos en materias específicas. El Parlamento Europeo y el Consejo se pronunciarán mediante reglamentos, bien a propuesta de la Comisión y previa consulta al Tribunal de Justicia, bien a instancia del Tribunal de Justicia y previa consulta a la Comisión.

El reglamento por el que se cree un tribunal especializado fijará las normas relativas a la composición de dicho tribunal y precisará el alcance de las competencias que se le atribuyan.

Contra las resoluciones dictadas por los tribunales especializados podrá interponerse ante el Tribunal General recurso de casación limitado a las cuestiones de Derecho o, cuando el reglamento relativo a la creación del tribunal especializado así lo contemple, recurso de apelación referente también a las cuestiones de hecho.

Los miembros de los tribunales especializados serán elegidos entre personas que ofrezcan absolutas garantías de independencia y que posean la capacidad necesaria para el ejercicio de funciones jurisdiccionales. Serán designados por el Consejo por unanimidad.

Los tribunales especializados establecerán su Reglamento de Procedimiento de acuerdo con el Tribunal de Justicia. Dicho reglamento requerirá la aprobación del Consejo.

Salvo disposición en contrario del reglamento por el que se cree el tribunal especializado, las disposiciones de los Tratados relativas al Tribunal de Justicia de la Unión Europea y las disposiciones del Estatuto del Tribunal de Justicia de la Unión Europea serán aplicables a los tribunales especia lizados. El título I del Estatuto y su artículo 64 se aplicarán en todo caso a los tribunales especia lizados».

Art. 258 TFUE (recurso por incumplimiento a interponer por la Comisión):

«Si la Comisión estimare que un Estado miembro ha incumplido una de las obligaciones que le incumben en virtud de los Tratados, emitirá un dictamen motivado al respecto, después de haber ofrecido a dicho Estado la posibilidad de presentar sus observaciones.

Si el Estado de que se trate no se atuviere a este dictamen en el plazo determinado por la Comisión, ésta podrá recurrir al Tribunal de Justicia de la Unión Europea».

Art. 259 TFUE (recurso por incumplimiento interpuesto a interponer por los Estados miembros):

«Cualquier Estado miembro podrá recurrir al Tribunal de Justicia de la Unión Europea, si estimare que otro Estado miembro ha incumplido una de las obligaciones que le incumben en virtud de los Tratados.

Antes de que un Estado miembro interponga, contra otro Estado miembro, un recurso fundado en un supuesto incumplimiento de las obligaciones que le incumben en virtud de los Tratados, deberá someter el asunto a la Comisión.

La Comisión emitirá un dictamen motivado, una vez que los Estados interesados hayan tenido la posibilidad de formular sus observaciones por escrito y oralmente en procedimiento contradictorio.

Si la Comisión no hubiere emitido el dictamen en el plazo de tres meses desde la fecha de la solicitud, la falta de dictamen no será obstáculo para poder recurrir al Tribunal».

Art. 260 TFUE (resolución del recurso por incumplimiento):

«1. Si el Tribunal de Justicia de la Unión Europea declarare que un Estado miembro ha incumplido una de las obligaciones que le incumben en virtud de los Tratados, dicho Estado estará obligado a adoptar las medidas necesarias para la ejecución de la sentencia del Tribunal.

2. Si la Comisión estimare que el Estado miembro afectado no ha adoptado las medidas necesarias para la ejecución de la sentencia del Tribunal, podrá someter el asunto al Tribunal de Justicia de la

Unión Europea, después de haber ofrecido a dicho Estado la posibilidad de presentar sus observaciones. La Comisión indicará el importe de la suma a tanto alzado o de la multa coercitiva que deba ser pagada por el Estado miembro afectado y que considere adaptado a las circunstancias.

Si el Tribunal declarare que el Estado miembro afectado ha incumplido su sentencia, podrá imponerle el pago de una suma a tanto alzado o de una multa coercitiva.

Este procedimiento se entenderá sin perjuicio de lo dispuesto en el artículo 259.

3. Cuando la Comisión presente un recurso ante el Tribunal de Justicia de la Unión Europea en virtud del artículo 258 por considerar que el Estado miembro afectado ha incumplido la obligación de informar sobre las medidas de transposición de una directiva adoptada con arreglo a un procedimiento legislativo, podrá, si lo considera oportuno, indicar el importe de la suma a tanto alzado o de la multa coercitiva que deba ser pagada por dicho Estado y que considere adaptado a las circunstancias.

Si el Tribunal comprueba la existencia del incumplimiento, podrá imponer al Estado miembro afectado el pago de una suma a tanto alzado o de una multa coercitiva dentro del límite del importe indicado por la Comisión. La obligación de pago surtirá efecto en la fecha fijada por el Tribunal en la sentencia».

Art. 261 TFUE (atribución de competencia jurisdiccional al TJUE respecto a sancionaes previstas en reglamentos)

«Los reglamentos adoptados conjuntamente por el Parlamento Europeo y el Consejo, y por el Consejo, en virtud de las disposiciones de los Tratados, podrán atribuir al Tribunal de Justicia de la Unión Europea una competencia jurisdiccional plena respecto de las sanciones previstas en dichos reglamentos».

Art. 262 TFUE (atribución de competencia jurisdiccional al TJUE respecto a litigios relativos a títulos europeos de propiedad intelectual o industrial)

«Sin perjuicio de las restantes disposiciones de los Tratados, el Consejo, por unanimidad, con arreglo a un procedimiento legislativo especial y previa consulta al Parlamento Europeo, podrá adoptar disposiciones destinadas a atribuir al Tribunal de Justicia de la Unión Europea, en la medida que el Consejo determine, la competencia para resolver litigios relativos a la aplicación de los actos adoptados sobre la base de los Tratados por los que se crean títulos europeos de propiedad intelectual o industrial. Dichas disposiciones entrarán en vigor cuando hayan sido aprobadas por los Estados miembros de conformidad con sus respectivas normas constitucionales».

Art. 263 TFUE (acciones o recursos de control de legalidad):

«El Tribunal de Justicia de la Unión Europea controlará la legalidad de los actos legislativos, de los actos del Consejo, de la Comisión y del Banco Central Europeo que no sean recomendaciones o dictámenes, y de los actos del Parlamento Europeo y del Consejo Europeo destinados a producir efectos jurídicos frente a terceros. Controlará también la legalidad de los actos de los órganos u organismos de la Unión destinados a producir efectos jurídicos frente a terceros.

A tal fin, el Tribunal de Justicia de la Unión Europea será competente para pronunciarse sobre los recursos por incompetencia, vicios sustanciales de forma, violación de los Tratados o de cualquier norma jurídica relativa a su ejecución, o desviación de poder, interpuestos por un Estado miembro, el Parlamento Europeo, el Consejo o la Comisión.

El Tribunal de Justicia de la Unión Europea será competente en las mismas condiciones para pronunciarse sobre los recursos interpuestos por el Tribunal de Cuentas, por el Banco Central Europeo y por el Comité de las Regiones con el fin de salvaguardar prerrogativas de éstos.

Toda persona física o jurídica podrá interponer recurso, en las condiciones previstas en los párrafos primero y segundo, contra los actos de los que sea destinataria o que la afecten directa e individualmente y contra los actos reglamentarios que la afecten directamente y que no incluyan medidas de ejecución.

Los actos por los que se crean los órganos y organismos de la Unión podrán prever condiciones y procedimientos específicos para los recursos presentados por personas físicas o jurídicas contra actos de dichos órganos u organismos destinados a producir efectos jurídicos frente a ellos.

Los recursos previstos en el presente artículo deberán interponerse en el plazo de dos meses a partir, según los casos, de la publicación del acto, de su notificación al recurrente o, a falta de ello, desde el día en que éste haya tenido conocimiento del mismo».

Art. 264 TFUE (declaración de nulidad y efectos):

«Si el recurso fuere fundado, el Tribunal de Justicia de la Unión Europea declarará nulo y sin valor ni efecto alguno el acto impugnado.

Sin embargo, el Tribunal indicará, si lo estima necesario, aquellos efectos del acto declarado nulo que deban ser considerados como definitivos».

Art. 265 TFUE (recurso de omisión):

«En caso de que, en violación de los Tratados, el Parlamento Europeo, el Consejo Europeo, el Consejo, la Comisión o el Banco Central Europeo se abstuvieren de pronunciarse, los Estados miembros y las demás instituciones de la Unión podrán recurrir al Tribunal de Justicia de la Unión Europea con objeto de que declare dicha violación. El presente artículo se aplicará, en las mismas condiciones, a los órganos y organismos de la Unión que se abstengan de pronunciarse. Este recurso solamente será admisible si la institución, órgano u organismo de que se trate hubieren sido requeridos previamente para que actúen. Si transcurrido un plazo de dos meses, a partir de dicho requerimiento, la institución, órgano u organismo no hubiere definido su posición, el recurso podrá ser interpuesto dentro de un nuevo plazo de dos meses. Toda persona física o jurídica podrá recurrir en queja al Tribunal, en las condiciones señaladas en los párrafos precedentes, por no haberle dirigido una de las instituciones, o uno de los órganos u organismos de la Unión un acto distinto de una recomendación o de un dictamen».

Art. 266 TFUE (ejecución de la declaración de nulidad o de la declaración de que la abstención es contraria a los Tratados):

«La institución, órgano u organismo del que emane el acto anulado, o cuya abstención haya sido declarada contraria a los Tratados, estarán obligados a adoptar las medidas necesarias para la ejecución de la sentencia del Tribunal de Justicia de la Unión Europea.

Esta obligación se entiende sin perjuicio de la que pueda resultar de la aplicación del párrafo segundo del artículo 340».

Art. 267 TFUE (cuestión prejudicial):

«El Tribunal de Justicia de la Unión Europea será competente para pronunciarse, con carácter prejudicial:
    a) sobre la interpretación de los Tratados;
    b) sobre la validez e interpretación de los actos adoptados por las instituciones, órganos u organismos de la Unión.

Cuando se plantee una cuestión de esta naturaleza ante un órgano jurisdiccional de uno de los Estados miembros, dicho órgano podrá pedir al Tribunal que se pronuncie sobre la misma, si estima necesaria una decisión al respecto para poder emitir su fallo.

Cuando se plantee una cuestión de este tipo en un asunto pendiente ante un órgano jurisdiccional nacional, cuyas decisiones no sean susceptibles de ulterior recurso judicial de Derecho interno, dicho órgano estará obligado a someter la cuestión al Tribunal.

Cuando se plantee una cuestión de este tipo en un asunto pendiente ante un órgano jurisdiccional nacional en relación con una persona privada de libertad, el Tribunal de Justicia de la Unión Europea se pronunciará con la mayor brevedad».

Art. 268 TFUE (competencia para conocer de la indeminización por daños del art. 340):

«El Tribunal de Justicia de la Unión Europea será competente para conocer de los litigios relativos a la indemnización por daños a que se refieren los párrafos segundo y tercero del artículo 340».

Art. 269 TFUE (competencia sobre la legalidad de los actos adoptados conforme al art. 7 TUE):

«El Tribunal de Justicia será competente para pronunciarse sobre la legalidad de un acto adoptado por el Consejo Europeo o por el Consejo en virtud del artículo 7 del Tratado de la Unión Europea, solamente a petición del Estado miembro objeto de la constatación del Consejo Europeo o del Consejo y únicamente en lo que se refiere al respeto de las disposiciones de procedimiento establecidas en el citado artículo.

Esta petición deberá presentarse en el plazo de un mes a partir de la constatación. El Tribunal se pronunciará en el plazo de un mes a partir de la fecha de la petición».

Art. 270 TFUE (competencia sobre los litigios entre la Unión y sus agentes):

«El Tribunal de Justicia de la Unión Europea será competente para pronunciarse sobre cualquier litigio entre la Unión y sus agentes dentro de los límites y en las condiciones que establezca el Estatuto de los funcionarios de la Unión y el régimen aplicable a los otros agentes de la Unión».

Art. 271 TFUE (competencias relativas a litigios vinculados a las obligaciones en relación con el Banco Europeo de Inversiones, y obligaciones de Bancos Centrales en relación con el Sistema Europeo de Bancos Centrales y el Banco Central Europeo):

«El Tribunal de Justicia de la Unión Europea será competente, dentro de los límites que a continuación se señalan, para conocer de los litigios relativos:

a) al cumplimiento de las obligaciones de los Estados miembros que se derivan de los Estatutos del Banco Europeo de Inversiones. El Consejo de Administración del Banco tendrá, a este respecto, las competencias que el artículo 258 atribuye a la Comisión;

b) a los acuerdos del Consejo de Gobernadores del Banco. Cualquier Estado miembro, la Comisión y el Consejo de Administración del Banco podrán interponer recurso en esta materia, en las condiciones previstas en el artículo 263;

c) a los acuerdos del Consejo de Administración del Banco. Sólo podrán interponer recurso contra tales acuerdos los Estados miembros o la Comisión, en las condiciones establecidas en el artículo 263 y únicamente por vicio de forma en el procedimiento previsto en los apartados 2, 5, 6 y 7 del artículo 19 de los Estatutos del Banco;

d) al cumplimiento por parte de los bancos centrales nacionales de las obligaciones que se derivan de los Tratados y de los Estatutos del SEBC y del BCE. El Consejo de Gobierno del Banco Central Europeo dispondrá a este respecto, frente a los bancos centrales nacionales, de los poderes que el artículo 258 reconoce a la Comisión respecto de los Estados miembros. Si el Tribunal declarare que un banco central nacional ha incumplido una de las obligaciones que le incumben en virtud de los Tratados, dicho banco estará obligado a adoptar las medidas necesarias para la ejecución de la sentencia del Tribunal».

Art. 272 TFUE (competencia en virtud de cláusula compromisoria):

«El Tribunal de Justicia de la Unión Europea será competente para juzgar en virtud de una cláusula compromisoria contenida en un contrato de Derecho público o de Derecho privado celebrado por la Unión o por su cuenta».

Art. 273 TFUE (competencia para resolver controversias entre Estados miembros):

«El Tribunal de Justicia será competente para pronunciarse sobre cualquier controversia entre Estados miembros relacionada con el objeto de los Tratados, si dicha controversia le es sometida en virtud de un compromiso».

Art. 274 TFUE (competencia de las jurisdicciones nacionales en litigios en los que la Unión sea parte):

«Sin perjuicio de las competencias que los Tratados atribuyen al Tribunal de Justicia de la Unión Europea, los litigios en los que la Unión sea parte no podrán ser, por tal motivo, sustraídos a la competencia de las jurisdicciones nacionales».

Art. 275 TFUE (Falta de competencia sobre disposiciones relativas a la PESC):

«El Tribunal de Justicia de la Unión Europea no será competente para pronunciarse sobre las disposiciones relativas a la política exterior y de seguridad común ni sobre los actos adoptados sobre la base de éstas.

No obstante, el Tribunal de Justicia será competente para controlar el respeto del artículo 40 del Tratado de la Unión Europea y para pronunciarse sobre los recursos interpuestos en las condiciones contempladas en el párrafo cuarto del artículo 263 del presente Tratado y relativos al control de la legalidad de las decisiones adoptadas por el Consejo en virtud del capítulo 2 del título V del Tratado de la Unión Europea por las que se establezcan medidas restrictivas frente a personas físicas o jurídicas».

Art. 276 TFUE (Falta de competencia sobre la validez o proporcionalidad de operaciones realizadas por policía y servicios coervicitivos de un Estado miembro, ni sobre el ejercicio de responsabilidades que corresponden a los Estados miembros en materia de orden público y seguridad interior):

«En el ejercicio de sus atribuciones respecto de las disposiciones de los capítulos 4 y 5 del título V de la tercera parte relativas al espacio de libertad, seguridad y justicia, el Tribunal de Justicia de la Unión Europea no será competente para comprobar la validez o proporcionalidad de operaciones efectuadas por la policía u otros servicios con funciones coercitivas de un Estado miembro, ni para pronunciarse sobre el ejercicio de las responsabilidades que incumben a los Estados miembros respecto del mantenimiento del orden público y de la salvaguardia de la seguridad interior».

Art. 277 TFUE (sobre la alegación de inaplicabilidad de acto):

«Aunque haya expirado el plazo previsto en el párrafo sexto del artículo 263, cualquiera de las partes de un litigio en el que se cuestione un acto de alcance general adoptado por una institución, órgano u organismo de la Unión podrá recurrir al Tribunal de Justicia de la Unión Europea alegando la inaplicabilidad de dicho acto por los motivos previstos en el párrafo segundo del artículo 263».

Art. 278 TFUE (sobre la suspensión de los actos impugandos):

«Los recursos interpuestos ante el Tribunal de Justicia de la Unión Europea no tendrán efecto suspensivo. Sin embargo, el Tribunal podrá, si estima que las circunstancias así lo exigen, ordenar la suspensión de la ejecución del acto impugnado».

Art. 279 TFUE (medidas provisionales):

«El Tribunal de Justicia de la Unión Europea podrá ordenar las medidas provisionales necesarias en los asuntos de que esté conociendo».

Art. 280 TFUE (fuerza juzgada de las sentencias del TJUE):

«Las sentencias del Tribunal de Justicia de la Unión Europea tendrán fuerza ejecutiva en las condiciones que establece el artículo 29».

Art. 281 TFUE (estatuto del TJUE):

«El Estatuto del Tribunal de Justicia de la Unión Europea se fijará en un protocolo independiente.
El Parlamento Europeo y el Consejo, con arreglo al procedimiento legislativo ordinario, podrán modificar las disposiciones del Estatuto, a excepción de su título I y su artículo 64. El Parlamento Europeo y el Consejo se pronunciarán bien a petición del Tribunal de Justicia y previa consulta a la Comisión, bien a propuesta de la Comisión y previa consulta al Tribunal de Justicia».

Art. 289.4 TFUE (recomendación de adopción de actos legislativos):

«En los casos específicos previstos por los Tratados, los actos legislativos podrán ser adoptados por iniciativa de un grupo de Estados miembros o del Parlamento Europeo, por recomendación del Banco Central Europeo o a petición del Tribunal de Justicia o del Banco Europeo de Inversiones».

Art. 342 TFUE (régimen lingüístico):

«El régimen lingüístico de las instituciones de la Unión será fijado por el Consejo mediante reglamentos, por unanimidad, sin perjuicio de las disposiciones previstas en el Estatuto del Tribunal de Justicia de la Unión Europea».

PROTOCOLO (número 3) sobre el Estatuto del Tribunal de Justicia de la Unión Europea, al Tratado de Funcionamiento de la Unión Europea.

3. **Declaraciones anejas al acta final de la conferencia interguberna-mental que adoptó el Tratado de Lisboa**

1. Declaración relativa a la Carta de los Derechos Fundamentales de la Unión Europea

«La Carta de los Derechos Fundamentales de la Unión Europea, que tiene carácter jurídicamente vinculante, confirma los derechos fundamentales garantizados por el Convenio Europeo para la Protección de los Derechos Humanos y de las Libertades Fundamentales y tal como resultan de las tradiciones constitucionales comunes a los Estados miembros. La Carta no amplía el ámbito de aplicación del Derecho de la Unión más allá de las competencias de la Unión ni crea ninguna nueva competencia ni ningún nuevo cometido para la Unión y no modifica las competencias y cometidos definidos por los Tratados».

2. Declaración relativa al apartado 2 del artículo 6 del Tratado de la Unión Europea

«La Conferencia conviene en que la adhesión de la Unión al Convenio Europeo para la Protección de los Derechos Humanos y de las Libertades Fundamentales debería realizarse de manera que se preserven las especificidades del ordenamiento jurídico de la Unión. En este contexto, la Conferencia toma nota de que existe un diálogo regular entre el Tribunal de Justicia de la Unión Europea y el Tribunal Europeo de Derechos Humanos, diálogo que podrá fortalecerse cuando la Unión se adhiera al citado Convenio».

4. **Carta de Derechos Fundamentales de la Unión Europea**

Accesible en su versión consolidada junto al TUE y TFUE, https://eur-lex.europa.eu/legal-content/ES/TXT/?uri=OJ%3AC%3A2016%3A202%3ATOC

5. REGLAMENTOS Y NORMATIVA ESPECÍFICA

Reglamento n.º 31 (CEE), n.º 11 (CEEA), por el que se establece el Estatuto de los funcionarios y el régimen aplicable a los otros agentes de la Comunidad Económica Europea y de la Comunidad Europea de la Energía Atómica, ELI: http://data.europa.eu/eli/reg/1962/31(1)/oj

Estatuto del Tribunal de Justicia de la Unión Europea, versión consolidada, https://curia.europa.eu/jcms/upload/docs/application/pdf/2016-08/tra-doc-es-div-c-0000-2016-201606984-05_01.pdf

Reglamento de Procedimiento del Tribunal de Justicia, ELI: http://data.europa.eu/eli/proc_rules/2012/929/oj

Reglamento adicional del Tribunal de Justicia, http://data.europa.eu/eli/proc_rules/2014/201/oj

Instrucciones prácticas a las partes sobre los asuntos sometidos al Tribunal de Justicia, de 25 de noviembre de 2013, https://eur-lex.europa.eu/legal-content/ES/TXT/?uri=uriserv:

Recomendaciones a los órganos jurisdiccionales nacionales, relativas al planteamiento de cuestiones prejudiciales, https://eur-lex.europa.eu/legal-content/ES/TXT/PDF/?uri=OJ:JOC_2019_380_R_0001

Decisión del Tribunal de Justicia de 23 de octubre de 2012 relativa a las funciones jurisdiccionales del Vicepresidente del Tribunal de Justicia, https://eur-lex.europa.eu/LexUriServ/LexUriServ.do?uri=OJ:L:2012:300:0047:0047:ES:PDF

Decisión (UE) 2016/2386 del Tribunal de Justicia, de 20 de septiembre de 2016 relativa a las normas de seguridad aplicables a los documentos e información presentados ante el Tribunal General con arreglo al artículo 105 de su Reglamento de Procedimiento, https://eur-lex.europa.eu/legal-content/ES/TXT/PDF/?uri=CELEX:32016D2386&from=FR

Decisión del Tribunal de Justicia, de 16 de octubre de 2018, sobre la presentación y notificación de escritos procesales a través de la aplicación e-Curia, https://eur-lex.europa.eu/legal-content/ES/TXT/PDF/?uri=CELEX:32018D1120(01)&from=FR

Condiciones de utilización de la aplicación E-curia, https://curia.europa.eu/jcms/upload/docs/application/pdf/2018-11/tra-doc-es-div-c-0000-2018-201808778-05_00.pdf

Reglamento de Procedimiento del Tribunal General, http://data.europa.eu/eli/proc_rules/2015/423/oj

Normas prácticas de desarrollo del Reglamento de Procedimiento del Tribunal General, de 20 de mayo de 2015, http://data.europa.eu/eli/proc_rules/2015/618(1)/oj

APÉNDICE JURISPRUDENCIAL

Selección y ordenación por Joaquín Sarrión Esteve
Profesor Titular de Derecho Constitucional.
Titular de la Catedra Jean Monnet
de Gobernanza y Regulación en la Era Digital (GoReDig).
Director de la Cátedra ISAAC.
Derechos individuales, Investigación Científica y Cooperación.
Universidad Nacional de Educación a Distancia (UNED)

Selección de jurisprudencia del Tribunal de Justicia de la Unión Europea relevante:

Nombre del caso	Referencia completa de la sentencia
A.B. y otros (Nombramiento de los jueces del Tribunal Supremo – Recursos)	Sentencia de 2 de marzo de 2021 (Gran Sala), *A.B. y otros (Nombramiento de los jueces del Tribunal Supremo – Recursos)* (C 824/18, EU:C:2021:153
A.K. (Independencia de la Sala Disciplinaria del Tribunal Supremo),	Sentencia del Tribunal de Justicia (Gran Sala) de 19 de noviembre de 2019, *A.K. (Independencia de la Sala Disciplinaria del Tribunal Supremo)*, asuntos acumulados C-585/18, C-624/18 y C-625/18, ECLI:EU:C:2019:982.
Åkerberg	Sentencia del Tribunal de Justicia (Gran Sala), de 26 de febrero de 2013, *Åklagaren c. Åkerberg Fransson*, C-617/10, EU:C:2013:105
Anesco	Sentencia del Tribunal de Justicia (Sala Novena) de 16 de septiembre de 2020, *Anesco*, C-462/19, EU:C:2020:715
Asociación Sindical de los jueces portugueses	Sentencia del Tribunal de Justicia (Gran Sala) de 27 de febrero de 2018, *Asociación Sindical de los jueces portugueses*, C-64/16, ECLI:EU:C:2018:117
Bosman	Sentencia del Tribunal de Justicia de 15 de diciembre de 1995, *Bosman*, C-415/93, EU:C:1995:463
Comisión c. Polonia	Sentencia del Tribunal de Justicia (Gran Sala) de 24 de junio de 2019, *Comisión c. Polonia*, C-619/18, ECLI:EU:C:2019:531
Comisión c. Polonia	Sentencia del Tribunal de Justicia (Gran Sala) de 5 de noviembre de 2019, *Comisión c. Polonia*, C-192/18, ECLI:EU:C:2019:924.
Comisión c. Polonia	Sentencia de 15 de julio de 2021 (Gran Sala), *Comisión/Polonia (Régimen disciplinario de los jueces)*, C-791/19, EU:C:2021:596.
Consob	Sentencia del Tribunal de Justicia (Gran Sala) de 2 de febrero de 2021, *Consob*, C-481/19, EU:C:2021:84
Costa, también conocida como Flaminio Costa c. ENEL	Sentencia del Tribunal de Justicia de 15 de julio de 1964, *Costa*, C-6/64, EU:C:1964:66

Nombre del caso	Referencia completa de la sentencia
Defrenne c. Sabena (2)	Sentencia del Tribunal de Justicia de 8 de abril de 1976, *Defrenne c. Sabena (2)*, C-43/75, EU:C:1976:56
Dictamen 2/13	Dictamen 2/13 del Tribunal de Justicia (Pleno) de 28 de diciembre de 2014, EU:C:2014:2454
Digital Rights Ireland	Sentencia del Tribunal de Justicia (Gran Sala) de 8 de abril de 2014, *Digital Rights Ireland Ltd c. Minister for Communications, Marine and Natural Resources y otros y Kärntner Landesregierung y otros*, asuntos acumulados C-293/12 y C-594/12, ECLI:EU:T:2014:439.
Dirección General de Defensa de la Competencia c. Asociación Española de Banca Privada y otros	Sentencia del Tribunal de Justicia de 16 de julio de 1992, *Dirección General de Defensa de la Competencia c. Asociación Española de Banca Privada y otros,* C-67/91, EU:C:1992:3302001
Elliniki o ERT	Sentencia del Tribunal de Justicia de 18 de junio de 1991, *Elliniki Radiophonia Tiléorassi AE et Panellinia Omospondia Syllogon prossopilou c. Dimotiki Etairia Pliroforissis et Sotirios Kouvelas et Nicolaos Avdellas y otros* C-260/89, EU:C:1991:254
Familiapress	Sentencia del Tribunal de Justicia de 26 de junio de 1997, *Vereinigte Familiapress Zeitungsverlags- und vertriebs GmbH c. Heinrich Bauer Verlag,* C-368/95, ECLI:EU:C:1997:325.
Foto-Frost	Sentencia del Tribunal de Justicia de 22 de octubre de 1987, *Foto-Frost,* C-314/85, ECLI:EU:C:1987:452
GC	Sentencia del Tribunal de Justicia (Gran Sala) de 24 de septiembre de 2019, *GC, AF, BH y ED c. Commission nationale de l'informatique et des libertés (CNIL),* C-136/17, ECLI:EU:C:2019:773
Getin Noble Bank	Sentencia del Tribunal de Justicia de 29 de marzo de 2022, *Getin Noble Bank,* C-132/20, ECLI:EU:C:2022:235
Google Spain	Sentencia del Tribunal de Justicia (Gran Sala) de 13 de mayo de 2014, Google Spain SL y Google Inc. c. Agencia Española de Protección de Datos (AEPD) y Mario Costeja González, C-131/12, ECLI:EU:C:2014:317.
Hauer	Sentencia del Tribunal de Justicia de 13 de diciembre de 1979, *Hauer,* C-44/79, EU: C:1979:290.
Hungría c. Parlamento y Consejo	Sentencia del Tribunal de Justicia (Pleno) de 16 de febrero de 2022, *Hungría c. Parlamento y Consejo,* C-156/21, ECLI:EU:C:2022:97
Internationale Handelsgesellschaft	Sentencia del Tribunal de Justicia de 17 de diciembre de 1970, *Internationale Handelsgesellschaft,* C-11/70, EU:C:1970:114
Kadi	Sentencia del Tribunal de Justicia (Gran Sala) de 3 de septiembre de 2008, *Yassin Abdullah Kadi y Al Barakaat International Foundation c. Consejo de la Unión Europea y Comisión de las Comunidades Europeas*, asuntos acumulados C-402/05 P y C-415/05 P, ECLI:EU:C:2008:461
Kadi II	Sentencia del Tribunal de Justicia Tribunal de Justicia (Gran Sala) de 18 de julio de 2013, *Comisión Europea y Consejo de la Unión Europea c. Yassin Abdullah Kadi y República Francesa* (Kadi II), asuntos acumulados C-584/10 P, C-593/10 P y C-595/10 P, ECLI:EU:C:2013:518.

Nombre del caso	Referencia completa de la sentencia
Laval	Sentencia del Tribunal de Justicia (Gran Sala) de 18 de diciembre de 2007, *Laval un Partneri Ltd c. Svenska Byggnadsarbetareförbundet, Svenska Byggnadsarbetareförbundets avdelning 1, Byggettan y Svenska Elektrikerförbunde*, C-341/05, ECLI:EU:C:2007:809
Ledra Advertising	Sentencia del Tribunal de Justicia (Gran Sala) de 20 de septiembre de 2016, *Ledra Advertising Ltd y Otros c. Comisión Europea y Banco Central Europeo*, Asuntos acumulados C-8/15 P a C-10/15 P, ECLI:EU:C:2016:701
Los Verdes c. Parlamento	Sentencia del Tribunal de Justicia de 23 de abril de 1986, *Los Verdes c. Parlamento*, C-294/83, EU:C:1986:166
Marleasing	Sentencia del Tribunal de Justicia de 13 de diciembre de 1990, *Marleasing*, C-106/89, EU:C:1990:395
M.A.S. y M.B	Sentencia del Tribunal de Justicia (Gran Sala) de 5 de diciembre de 2017, *M.A.S. y M.B*, C-42/17, EU:C:2017:936
Melloni, Stefano Melloni	Sentencias del Tribunal de Justicia (Gran Sala), de 26 de febrero de 2013, *Stefano Melloni*, C-399/11, EU:C:2013:107
Nold	Sentencia del Tribunal de Justicia de 20 de marzo de 1959, *J. Nold KG c. Alta Autoridad de la Comunidad Europea del Carbón y del Acero*, C-18/57, ECLI:EU:C:1959:6
Nold	Sentencia del Tribunal de Justicia de 15 de julio de 1969, *Präsident Ruhrkolen-Verkaufsgesellschaft mbH, Geitling Ruhrkohlen-Verkaufsgesellschaft mbH, Mausegatt Ruhrkohlen-Verkaufsgesellschaft mbH y I. Nold KG c. Alta Autoridad de la Comunidad Europea del Carbón y del Acero*, asuntos acumulados C-36, 37, 38, y 40/59, ECLI:EU:C:1960:36
Nold	Sentencia del Tribunal de Justicia de 14 de mayo de 1974, *Nold*, C-4/73, EU:C:1974:51
Pál Aranyosi y Robert Căldăraru	Sentencias del Tribunal de Justicia (Gran Sala) de 5 de abril de 2016, *Pál Aranyosi y Robert Căldăraru*, asuntos acumulados C-404/15 y C-659/15 PPU, EU:C:2016:198
Parlamento Europeo c. Consejo de la Unión Europea	Sentencia del Tribunal de Justicia (Gran Sala) de 27 de junio de 2006, *Parlamento Europeo c. Consejo de la Unión Europea*, C-540/03, ECLI:EU:C:2006:429
Pawel Dworzecki	Sentencia del Tribunal de Justicia (Sala Cuarta) de 24 de mayo de 2016, *Pawel Dworzecki*, C-108/16 PPU, EU:C:2016:346.
Polonia c. Parlamento y Consejo	Sentencia del Tribunal de Justicia (Pleno) de 16 de febrero de 2022, *Polonia c. Parlamento y Consejo*, C-157/21, ECLI:EU:C:2022:98
Procedimiento incoado por B	Sentencia del Tribunal de Justicia (Gran Sala) de 22 de junio de 2021, *Procedimiento incoado por B*, C-439/19, EU:C:2021:504.
Prokuratura Rejonowa w Mińsku Mazowieckim	Sentencia de 16 de noviembre de 2021 (Gran Sala), *Prokuratura Rejonowa w Mińsku Mazowieckim*, C-748/19 a C-754/19, EU:C:2021:931.
Rutili	Sentencia del Tribunal de Justicia de 28 de octubre de 1975, *Roland Rutili c. Ministre de l'intérieur*, C-36/75, ECLI:EU:C:1975:137
Schecke	Sentencia del Tribunal de Justicia (Gran Sala) de 9 de noviembre de 2010, *Volker und Markus Schecke GbR y Hartmut Eifert c. Land Hessen*, asuntos acumulados C-92 y 93/09, ECLI:EU:C:2010:662

Nombre del caso	Referencia completa de la sentencia
Schmidberger	Sentencia del Tribunal de Justicia de 11 de julio de 2002, *Eugen Schmidberger Internationale Transporte Planzüge c. República de Austria*, C-112/00, ECLI:EU:C:2003:333.
Sgarlata	Sentencia del Tribunal de Justicia de de 1 de abril de 1965, *Marcello Sgarlata y otros c. Comisión de la CEE*, C-40/64, ECLI:EU:C:1965:36
Simmenthal	Sentencia del Tribunal de Justicia de 9 de marzo de 1978, *Amministrazione delle Finanze dello Stato c. SpA Simmenthal*, C-106/77, ECLI:EU:C:1978:49
Stauder	Sentencia del Tribunal de Justicia de 12 de noviembre de 1969, *Erich Stauder c. Stadt Ulm – Sozialamt*, C-29/69, ECLI:EU:C:1969:57
Taricco	Sentencia del Tribunal de Justicia (Gran Sala) de 8 de septiembre de 2015, *Ivo Taricco y otros*, C-105/14, ECLI:EU:C:2015:555
Vaassen-Göbbels	Sentencia del Tribunal de Justicia de 30 de junio de 1966, *Vaassen-Göbbels*, C-61/65, EU:C:1966:3.
Van Gend &Loos,	Sentencia del Tribunal de Justicia de 5 de febrero de 1963, *Van Gend &Loos*, C-26/62, EU:C:1963:1
Viking	Sentencia del Tribunal de Justicia (Gran Sala) de 11 de diciembre de 2007, *International Transport Workers' Federation yt Finnish Seamen's Union c. Viking Line ABP y OÜ Viking Line Eesti*, C-438/05, ECLI:EU:C:2007:772.
Von Colson	Sentencias del Tribunal de Justicia de 10 de abril de 1984, *Von Colson y Elisabeth Kamann c. Land Nordrhein-Westfalen*, C-14/83, ECLI:EU:C: 1984:153
Wachauf	Sentencia del Tribunal de Justicia (Sala Tercera) de 13 de julio de 1989, *Wachauf*, C-5/88, EU:C:1989:321.
W.Ż. (Sala de Control Extraordinario y de Asuntos Públicos del Tribunal Supremo — Nombramiento)	Sentencia de 6 de octubre de 2021 (Gran Sala), *W.Ż. (Sala de Control Extraordinario y de Asuntos Públicos del Tribunal Supremo — Nombramiento)*, C-487/19, EU:C:2021:798.

APÉNDICE BIBLIOGRÁFICO

Selección y ordenación por Joaquín Sarrión Esteve

Profesor Titular de Derecho Constitucional.
Titular de la Catedra Jean Monnet de Gobernanza
y Regulación en la Era Digital (GoReDig).
Director de la Cátedra ISAAC.
Derechos individuales, Investigación Científica y Cooperación.
Universidad Nacional de Educación a Distancia (UNED)

Selección de bibliografía relevante, sin carácter exhaustivo, para la Jurisdicción y procedimientos en la Unión Europea

ÁLARIE, B., «The path of the law: Towards legal singularity», *University of Toronto Law Journal*, v. 66. i. 4, 2016, https://doi.org/10.3138/UTLJ.4008

ALCAIDE FERNÁNDEZ, J. *et al., Curso de Derecho de la Unión Europea*, Tecnos, Madrid, 2014.

ALONSO GARCÍA, R., *Derecho de la Unión Europea: textos y materiales*, Civitas-Thomsom Reuters, Madrid, 2010.

— *Sistema Jurídico de la Unión Europea*, 4.ª edición, Civitas-Thomsom Aranzadi, Madrid, 2014.

— *Las sentencias básicas del Tribunal de Justicia de la Unión Europea*, 5.ª edición, Civitas, Madrid, 2014.

— *El Juez español y el Derecho Comunitario*, CGPJ, Madrid, 2003.

— *Justicia constitucional y Unión Europea*, Civitas, Madrid, 2005.

ÁLVAREZ CONDE, E. y GARRIDO MAYOL, V., *Comentarios a la Constitución europea*, 3 vols., Tirant lo Blanch, Consejo Consultivo de la Generalitat Valenciana, Valencia, 2004.

ÁLVAREZ RODRÍGUEZ, I., *Diálogos metajudiciales en Estrasburgo*, Cuadernos Aranzadi del Tribunal Constitucional, Aranzadi, Madrid, dx2021.

ARROYO JIMÉNEZ, L., *Empatía constitucional: Derecho de la Unión Europea y Constitución Española*, Marcial Pons, Madrid, 2016.

ATIENZA, M., «Constitución y argumentación», *Anuario de Filosofía del Derecho*, 2007.

AZPITARTE SÁNCHEZ, M., *El Tribunal Constitucional ante el control del Derecho comunitario derivado*, Civitas, Madrid, 2002

BALAGUER CALLEJÓN, F., «Constitucionalismo multinivel y derechos fundamentales en la Unión Europea» en *Estudios en homenaje al Profesor Gregorio Peces Barba*, v. 2, Dykinson, Madrid, 2008, pp. 133-158.

BARNARD, C., *European Union Law*, 2.ª ed., Oxford University Press, Oxford, Oxford, 2017.

BARTOLINI, A., COLCELLI, V., y CIPPITANI, R. (eds.), *Dictionary of the Statuses within EU law*, Springer, Cham, 2019.

BEIDERMAN, A., CHAMPOD, C., HUTTON, J., JACKSON, G., KITCHIN, L., NEOCLEOUS, T., SPIEGELHALTER, D.J., WILLIS, S. y WILSON, A.L. (2020), *The use of statistics in legal proceedings: a primer for courts*, The Royal Society, 2020, https://royalsociety.org/-/media/about-us/programmes/science-and-law/science-and-law-statisticsprimer.pdf

BIONDI, A., «Free Trade, a Mountain Road and the Right to Protest: European Economic Freedoms and Fundamental Individual Rights», *European Human Rights Law Review*, n. 1, 2004.

BIONDI, A., EECKHOUT, P., y RIPLEY, S. (ed.), *EU Law after Lisbon*, Oxford University Press, Oxford, 2012.

BOBIĆ, A., «Constitutional Pluralism Is Not Dead: An Analysis of Interactions Between Constitutional Courts of Member States and the European Court of Justice», *German Law Journal*, v. 18, n. 6, 2017, pp. 1395-1428

— *The Jurisprudence of Constitutional Conflict in the European Union*, Oxford University Press, Oxford, 2022.

BOGDANDY, A. von, «Pluralism, direct effect, and the ultimate say: On the relationship between international and domestic constitutional law», *Int J Constitutional Law*, 2008, 6 (3-4), pp. 397-413.

BORRAJO INIESTA, I., «Las fricciones jurisdiccionales en la cooperación prejudicial: los tribunales constitucionales ante el Derecho Comunitario», *Estudios de Derecho Judicial*, n. 95, 2006.

BOU FRANCH, V., *Introducción al Derecho de la Unión Europea*, Civitas, Madrid, 2014.

CÁMARA VILLAR, G., «Los derechos fundamentales en el proceso histórico de construcción de la Unión Europea y su valor en el Tratado Constitucional», *Revista de Derecho Constitucional Europeo*, n. 4, 2005, pp. 9-42.

CARMONA CONTRERAS, A. M. (dir.), *Construyendo un estándar europeo de derechos fundamentales*, Thomsom Reuters Aranzadi, Madrid, 2018.

CARTABIA, M., «La Unión Europea y los Derechos fundamentales: 50 años después», *Revista Vasca de Administración Pública*, n. 82-II, 2008, pp. 85-101.

— «European Rights: Taking Dialogue Seriously», *European Constitutional Law Review*, 2009, n. 5, pp. 5-31.

CARTABIA, M., DE WITTE, B., y PÉREZ TREMPS, P. (dir.), *Constitución Europea y Constituciones Nacionales*, Tirant lo Blanch, Valencia, 2005.

CELMA ALONSO, P. (coord.), *Derecho de la Unión Europea*, Tirant lo Blanch, Valencia, 2019.

CHALMERS, D., DAVIES, G., y MONTI, G., *European Union Law: Text and Materials*, 3.ª edición, Cambridge University Press, Cambridge, 2014.

CORCUERA ATIENZA, J., «El reconocimiento de los Derechos Fundamentales en la Unión Europea: el final del túnel» en *La protección de los derechos fundamentales en la Unión Europea*, Dykinson, Madrid, 2002, pp. 61-97.

CORTÉS MARTÍN, J. M., «Sorteando los inconvenientes del artículo 7 TUE: el advenimiento del control jurisdiccional del Estado de derecho», en *Revista de Derecho Comunitario Europeo*, n. 66, 2020

CRAIG, P., *EU Law: Text, Cases, and Materials*, 7.ª ed., Oxford University Press, Oxford, 2020.

CRAIG, P. y DE BÚRCA, G., *EU Law. Texts, cases and materials*, 5.ª Ed., Oxford University Press, Nueva York, 2011.

CRUZ VILLALÓN, P., «La incidencia de la carta (DFUE) en la confluencia de la eficacia horizontal de los Derechos Fundamentales y la ineficacia horizontal de las directivas: De Kücükdeveci a Dansk Industri», *AFDUAM*, n. 21, 2017. pp. 101-120

CUESTA CIVIS, Y., «El Tribunal de Justicia y la adhesión de la Comunidad Europea al Convenio de Roma: el dictamen 2/94», *Derechos y libertades: Revista de Filosofía del Derecho y derechos humanos*, n. 7, 1999, pp. 207-232.

DAVIES, K., VAN MUNSTER, M., y DÜSTERHÖFT I., *Understanding European Union Law*, Rouledge, 2022.

DE VOS, M., «The European Court of Justice and the march towards substantive equality in European antidiscrimination law», *International Journal of Discrimination and the Law*, v. 20, n.1, 2020, pp. 62-87.

DI FEDERICO, G. (ed.), *The EU Charter of Fundamental Rights*, Springer, Cham, 2009.

DÍEZ-PICAZO GIMÉNEZ, L.M., *Constitucionalismo de la Unión Europea*, Cívitas, Madrid, 2002.

DOUGLAS-SCOTT, S., y HATZIS, N. (ed.), *Research Handbook on Eu Law and Human Rights* (Research Handbooks in European Law Series), Edward Elgar Publishing, 2017.

DUIC, D., y PETRASEVIC, T., *Procedural Aspects of EU Law, EU and Comparative Law issues and challenges*, Josip Juraj Strossmayer University of Osijek, 2017.

ELÍAS MÉNDEZ, C., «La jurisdicción constitucional en los Estados miembros de la Unión

Europea», *Revista de Derecho Constitucional Europeo*, n. 16, 2011.

— «Propuestas para un modelo de control interno de constitucionalidad en el contexto de la Unión Europea», en *Constitución y democracia. Ayer y hoy: libro homenaje a Antonio Torres del Moral*, v. 3, 2012, pp. 3259-3272.

ESCOBAR HERNÁNDEZ, C., *Instituciones de la Unión Europea*, 3.ª ed., Tirant lo Blanch, Valencia, 2020.

FABBRINI, F., *Fundamental Rights in Europe*, Oxford University Press, Oxford, 2014.

FAGGIANI, V., «El diálogo jurisdiccional tras la sentencia del TJUE M.A.S. y M.B.: entre estándar europeo de protección y tendencias centrípetas», *Revista de Derecho Comunitario Europeo*, n. 60, 2018, pp. 639-676.

FAIRHURST, J., *Law of the European* Union, 11th edition, Pearson, 2016.

FRANTZIOU, E., «(Most of) the Charter of Fundamental Rights is Horizontally Applicable», *European Constitutional Law Review*, n.15, 2019, pp. 306-323.

FREIXES SAN JUAN, T., «Constitucionalismo multinivel e integración europea», en *Constitucionalismo Multinivel y relaciones entre Parlamentos: Parlamento europeo, Parlamentos nacionales, Parlamentos regionales con competencias legislativas*, CEPC, Madrid, 2011, pp. 37-50.

GARCÍA ORTIZ, A., «Diálogo y conflicto entre tribunales a propósito de los derechos fundamentales en la Unión Europea. Novedades con ocasión de la saga Taricco», *Revista de Derecho Constitucional Europeo*, n. 30, 2018, pp. 129-160.

GASTWIRTH, J. L., *Statistical Reasoning in Law and Public Policy*, v.2, Academic Press, 1988.

GÓMEZ SÁNCHEZ, Y., *Constitucionalismo Multinivel. Derechos Fundamentales*, 5.ª ed., Sanz y Torres, Madrid, 2020

GÓMEZ SÁNCHEZ, Y., y ELÍAS MÉNDEZ, C., *Derecho Constitucional Europeo*, Aranzadi, Madrid, 2020.

GORDILLO PÉREZ, L. I., «El TJUE y el Derecho Internacional: la defensa de su propia autonomía como principio constitucional básico», *Cuadernos de derecho transnacional*, v. 9, n. 2, 2017, pp. 330-354.

GORDILLO, L. y MARTINICO, G., *Historias del país de las hadas. La jurisprudencia constitucionalizante del Tribunal de Justicia*, Civitas, Cizur Menor, 2015.

HÄBERLE, P., «Derecho constitucional común europeo», traducción de Mikunda Fanco, E., *Revista de Estudios Políticos (Nueva Época)*, n. 79, 1993, pp. 7-46

— «Europa como comunidad constitucional en desarrollo», *Revista de Derecho Constitucional Europeo*, n.1, 2004

HABERMAS J., «El Estado democrático de Derecho. ¿Una unión paradójica de principios contradictorios?», *Anuario De Derechos Humanos. Nueva Época*, n. 2, 2001, pp. 435-458.

HORSPOOL, M., *European Union Law*, Oxford University Press, Oxford, 2006.

JAKLIC, K., *Constitutional Pluralism in the EU*, Oxford University Press, Oxford, 2014.

KUMM, M., «The Jurisprudence of Constitutional Conflict: Constitutional Supremacy in Europe before and after the Constitutional Treaty», *European Law Journal*, v. 11, n. 3, pp. 262-307, 2005.

LEANERTS, K., *Métodos de interpretación del Tribunal de Justicia de la Unión Europea*, Marcial Pons, 2023.

LEANERTS, K., y VAN NUFFEL, P., *EU Constitutional Law*, Oxford University Press, Oxford, 2022.

LEANERTS, K., MASELS, I., y GUTMAN, K., *EU Procedural Law*, Oxford University Press, Oxford, 2014.

LECYKIEWICZ, D., «Horizontal Application of the Charter of Fundamental Rights», *European Law Reivew*, n. 38, 2013.

LINDFELT, M., *Fundamental Rights in the European Union – Towards Higher Law of the Land? A Study of the Status of Fundamental Rights in a Broader Constitutional Setting*, ÅboAkademiUniversity, Åbo, 2007.

LÓPEZ AGUILAR, J. F., «De nuevo (y todavía) Polonia: "Rule of law" y art.7 TUE en el Parlamento Europeo y el Tribunal de Justicia», en *Teoría y realidad constitucional*, n.º 44, 2019.

LÓPEZ CASTILLO, A. *Instituciones y Derecho de la Unión Europea*, Volúmenes, I, II y III, Tirant lo lo Blanch, Valencia, 2015-2019.

LÓPEZ CASTILLO, A., MENÉNDEZ, A. J., y VIDAL PRADO, C. (coords.), *Sentencia Lisboa del Tribunal Constitucional Federal Alemán*, CEPC, Madrid, 2011.

LLOPIS NADAL, P., «La necesidad procesal de la adhesión de la Unión Europea al CEDH: Un asunto que continúa pendiente tras el dictamen 2/13 del TJUE», *Revista Electrónica de Estudios Internacionales*, n. 29, 2015, pp. 1-39.

OPPENHEIMER, A. (ed.), *The Relationship between European Community Law and National Law*, Cambridge University Press, Cambridge, 2003.

MACCORMICK, N., *Questioning Sovereignty. Law, State and Nation in the European commonwealth*, Oxford University Press, Oxford, 1999, pp. 703-750.

MANGAS MARTÍN, A. y LIÑÁN NOGUERAS, D. J., *Instituciones y Derecho de la Unión Europea*, 9.ª ed., Tecnos, Madrid, 2016.

MARICA, A., *Unión Europea y el perfil constitucional de su Tribunal de Justicia*, Aranzadi, Cizur Menor, 2013.

MARÍN AÍS, J. R., «La adhesión de la Unión Europea al Convenio de Roma. El cumplimiento de las obligaciones derivadas del Convenio Europeo de Derechos Humanos en el ordenamiento jurídico de la UE», *Revista de Derecho Comunitario Europeo*, n. 44, 2013, pp. 233-276.

MARINAS SUÁREZ, D., *El control iusfundamental de los actos legislativos de la Unión Europea*, Aranzadi, Cizur Menor, 2015.

MARTÍN Y PÉREZ DE NANCLARES, J., «El TJUE pierde el rumbo en el dictamen 2/13: ¿merece todavía la pena la adhesión de la UE al CEDH?», *Revista de Derecho Comunitario Europeo*, n. 52, 2015, pp. 825-869.

MARTÍNEZ RUANO, P., «La protección de los derechos fundamentales en la Unión Europea» en *Derecho comunitario y procedimiento tributario,* Atelier, Barcelona, 2010, pp. 54-67.

MAYER, F. C. y WENDEL, M., «Multilevel Constitutionalism and Constitutional Pluralism» en Matej, A., y Komárek J. (Ed), *Constitutional Pluralism in the European Union and Beyond*, Hart Publishing, Oxford and Portland, 2012.

MATEJ, A., y KOMÁREK J. (ed.), *Constitutional Pluralism in the European Union and Beyond*, Hart Publishing, Oxford and Portland, 2012.

MIGUEL BÁRCENA, J. de, «La defensa de la democracia en Europa y en España. Viejos y nuevos desafíos», en VVAA., *La protección del orden constitucional en Europa*, Grupo del Partido Popular europeo, 2021.

MILLÁN MORO, L., «El Tribunal de Justicia de las Comunidades Europeas como Tribunal Constitucional europeo» en *La Unión Europea en perspectiva constitucional,* Aranzadi, Cizur Menor, 2008, pp. 149-183.

MJÖL ARNARDÖTTIR, A., y BUYSE, A. (ed.), *Rethinking relations between the ECHR, EU, and national legal orders*, Routledge, 2016.

MOLINA DEL POZO, C. F., *Derecho de la Unión Europea*, Reus, Madrid, 2015.

— *El Tribunal de Justicia en la Unión Europea: procedimiento y recursos*, Aranzadi, Madrid, 2020.

MONTESINOS PADILLA, C., y QUERALT JIMÉNEZ, A., *Protección jurisdiccional de los derechos. Sistemas español, universal, regional europeo y supranacional*, Juruá Editorial, Porto, 2021.

MORANO-FOADI, S., y NELLER, J., *Farihurst's Law of the European Union*, 12th edition, Pearson, 2018.

MORISON, J., y HARKENS, A., «Re-engineering justice? Robot judges, computerised courts and (semi) automated legal decision-making», *Legal Studies*, v. 38, i. 4, 2019, pp. 618-635.

MULDER, J., *Indirect sex discrimination in employment. Theoretical analysis and reflections on the CJEU case law and national application of the concept of indirect sex discrimination, European network of legal experts in gender equality and non-discrimination*, European Commission, Directorate-General for Justice and Consumers, 2020.

MUÑOZ MACHADO, S., «Los tres niveles de garantías de los Derechos Fundamentales en la Unión Europea: problemas de articulación», *Revista de Derecho Comunitario Europeo*, n. 50, 2015, pp. 195-230.

PÉREZ VERA, E., «El Tratado de la Unión Europea y los derechos humanos», *Revista de Instituciones Europeas*, v. 20, n. 2, 1993, pp. 459-484.

PERNICE, I., «Multilevel constituionalism and the Treaty of Amsterdam: European Constitution-making evisited?», *Common Market Law Review*, n. 36, 1999, pp. 703-756.

— «Multilevel constitutionalism in the European Union», *European Law Review*, n. 5, 2002, pp. 511-529.

PIZZOLO, C., *El sistema europeo de protección multinivel de derechos humanos en su laberinto*, Universidad Nacional de Córdoba, 2022.

POIARES MADURO, M., y AZOULAI, L., (eds.), *The Past and Future of EU Law: The Classics of EU Law Revisited on the 50th Anniversary of the Rome Treaty*, Hart Publishing, Oxford y Portland, 2010

POLLICINO, O., «The New Relationship between National and the European Courts after the Enlargement of Europe: Towards a Unitary Theory of Jurisprudential Supranational Law?», *Yearbook of European Law*, 2010, n. 29, pp. 65-111.

RECCHIA, G., «Derechos fundamentales e integración europea: la jurisprudencia del Tribunal Constitucional italiano», *Revista de Estudios Políticos*, n. 75, 1992, pp. 47-58.

REQUEJO PAGÉS, J. L., *Sistemas normativos, Constitución y Ordenamiento*, McGraw-Hill, Madrid, 1995.

ROMANO, S., *El ordenamiento jurídico*, CEPC, Madrid, 2013.

RODRÍGUEZ VERGARA, A., «Ordenamiento comunitario y convención Europea de derechos humanos» en *La protección de los derechos fundamentales en la Unión Europea*, Dykinson, Madrid, 2002, pp. 99-118.

ROSE, L. A., «Numbers Game? Statistics in Public Law Cases», *ALBA Annual Lecture*, 5 July 2021.

ROSSI, L.S., «How Fundamental are Fundamental Principles? Primacy and Fundamental Rights after Lisbon», *Yearbook of European Law*, 2008.

ROSSI, L. S., y CASORALI, F. (ed.), *The EU After Lisbon*, Springer, Cham, 2016.

— *The Principle of Equality in EU Law*, Springer, Cham, 2017.

TERUEL LOZANO, G. M., PÉREZ MIRAS, A., y RAFFIOTTA, E. C. (dir.), *Desafíos del constitucio-nalismo ante la integración europea,* Seminario Italopagnolo, Universidad de Murcia, Murcia, 2015.

SÁIZ ARNAIZ, A., «El Tribunal de Justicia de las Comunidades Europeas como Tribunal Constitucional», *Revista Vasca de Administración Pública*, n. 53, 2, 1999, pp. 223-256

SÁNCHEZ AGESTA, L., «Las primeras cátedras españolas de Derecho Constitucional», *Revista de Estudios Políticos*, n.126, 1962, pp. 157-167.

SÁNCHEZ FERRIZ, R., Aproximación a la difusión de las ideas constitucionales en España y su configuración como disciplina jurídica en el siglo XIX», en Sánchez Ferriz, R. y García Pechuán, M. (coords.), *La enseñanza de las ideas constitucionales en España e Iberoamérica*, ENE, 2001, pp. 63-106.

SARMIENTO RAMÍREZ-ESCUDERO, D., *Poder judicial e integración europea: la construcción de un modelo jurisdiccional para la Unión*, Civitas, Madrid, 2004.

— *El Derecho de la Unión Europea*, 3.ª ed., Marcial Pons, Madrid, 2020.

SARRIÓN ESTEVE, J., «La constitucionalización sustantiva del Derecho Comunitario y sistema de fuentes», *Revista General de Legislación y Jurisprudencia*, 2007, n. 4, pp. 631-646.

— «Los conflictos entre libertades económicas y derechos fundamentales en la jurisprudencia del Tribunal de Justicia de la Unión Europea», *Revista de Derecho Político*, n. 81, 2011, pp. 379-412.

— «El nuevo horizonte constitucional para la Unión Europea: a propósito de la entrada en vigor del Tratado de Lisboa y la Carta de Derechos Fundamentales», *CEFLegal: Revista Práctica del Derecho*, 2011, n. 121, pp. 53-102.

— «En búsqueda de los límites constitucionales a la integración europea», *CEFLegal: revista práctica de derecho*, 2011, n. 131, pp. 81-142.

— *El Tribunal de Justicia de Luxemburgo como garante de los derechos fundamentales*, Dykinson, Madrid, 2013.

— «Actual Trends and Challenges of the Constitutional Fundamental Rights and Principles in the ECJ Case Law from the Perspective of Multilevel Constitutionalism»

(September 4, 2015), SSRN: http://ssrn.com/abstract=2656394

— *La Unión Europea tras Lisboa. Introducción al sistema institucional y jurídico de la Unión*, Zarzo, 2015.

— *Apuntes de Derecho de la Unión Europea*, Tirant lo Blanch, Valencia, 2016.

— *Los límites a la integración europea en la doctrina constitucional*, Comares, Granada, 2020.

— *Jurisdicción y Protección de los Derechos Fundamentales en la Unión Europea*, Universitas, Madrid, 2021.

— *El reconocimiento y protección de los derechos y libertades en un mundo en transformación ¿Hacia un nuevo paradigma constitucional?*, Aranzadi, Madrid, 2022.

SCANLON, J. C. y WEINGARTEN, K., «The Role of Statistical Data in the Functioning of the Courts», 12, *Buff. L. Rev.*, 522, 1963, https://digitalcommons.law.buffalo.edu/buffalolawreview/vol12/iss3/9

SOBRIDO PRIETO, M., *Las comunidades autónomas ante el Tribunal de Justicia y el Tribunal de Primera Instancia de las Comunidades Europeas*, Tirant lo Blanch, Valencia, 2003.

SOUTO GALVÁN, C., *Principio de igualdad y transversalidad de género*, Dykinson, Madrid, 2012.

STEIBLE, B., «Tribunal de Justicia de la Unión, tribunales nacionales y salvaguardia del Estado de Derecho en la UE», en *ReDCE* n. 35, 2021.

STIERNSTROM, M., «The Relationship Between Community Law and National Law», University of Miami, Jean Monnet/Robert Schuman Paper Series, v.5, n. 33, October 2005, http://aei.pitt.edu/8162/1/Stiermstromfinal.pdf

TAJADURA TEJADA, J. (coord.), *Justicia Constitucional y Unión Europea*, CEPC, 2008.

TAJADURA TEJADA, J., *El Derecho Constitucional y su enseñanza*, Instituto Iberoamericano de Derecho Constitucional, Grijley, Lima, 2001.

TENORIO SÁNCHEZ, P. J., «Diálogo entre tribunales y protección de los derechos fundamenta-les en el ámbito europeo», *Revista General de Derecho Europeo*, n. 31, 2013.

TORRE, F., «Taricco iactum est ovvero l'incidenza della Saga Taricco nel processo costituente europeo», *Dirittifondamentali.it*, n.1, 2019, pp. 1-26.

TORRES DEL MORAL, A., *Estado de Derecho y Democracia de Partidos*, 5.ª ed., Universitas, Madrid, 2015.

TORRES PÉREZ, A., *Conflicts of Rights in the European Union. A theory of Supranational Adjudication*, Oxford University Press, Oxford, 2009.

TRUYOL Y SERRA, A., *La integración europea. Idea y realidad*, Tecnos, Madrid, 1972.

TURMO, A., *Res Iudicata in European Law. A multi-faceted principle in a multilevel judicial system*, EU Law Live Press, 2022.

UGARTEMEDIA ECEIZABARRENA, J. I., «La saga Taricco. Últimas instantáneas jurisdiccionales sobre la pugna acerca de los Derechos Fundamentales en la Unión Europea», *Revista General de Derecho Constitucional*, n. 27, 2018.

VIDAL PRADO, C., *El impacto del nuevo Derecho europeo en los Tribunales constitucionales*, Colex, Madrid, 2004.

VILATA MENADAS, S. (coord.), *El papel de la jurisprudencia del TJCE en la armonización del Derecho Europeo*, Universitat de València, Valencia, 2005.

VILLAVERDE, I., «El constitucionalismo líquido. La dogmática constitucional de los derechos fundamentales del siglo XXI», *Revista da Ajuris*, v. 45, n. 144, 2018, pp. 529-555.

WACHTER S., MITTELSTADT, B., y RUSSELL, C., «Why fairness cannot be automated: Bridging the gap between EU non-discrimination law and AI», *Computer Law and Security Review*, n. 41, 2021, doi: 10.1016/j.clsr.2021.105567

WALKILA, S., *Horizontal Effect of Fundamental Rights in EU Law*, Europa Law Publishing, 2015.

WEATHERILL, S., *Law and Values in the European Union*, Oxford University Press, Oxford, 2016.